Metzger/Zhou

Richtig Taijiquan

Die Kurze Peking-Form

Unter Mitarbeit von Prof. Manfred Grosser

BLV Sportpraxis

CIP-Titelaufnahme der Deutschen Bibliothek

Richtig Taijiquan
Die Kurze Peking-Form/Metzger; Zhou.
München: BLV Verl.-Ges., 1990
  (BLV Sportpraxis; 266)
  ISBN 3-405-13747-0
NE: Metzger, Wolfgang [Mitverf.]; Zhou,
Peifang [Mitverf.]; GT

Bildnachweis

Alle Fotos von Wolfgang Metzger und
Manfred Grosser außer:
Xiao Yingyong S. 2

Demonstratoren:
Zhou Peifang, Sporthochschule Peking;
Lü Guangchen, Shan Xiwen, Sporthoch-
schule Tianjin; Adrian Grosser

Umschlagfoto: Wolfgang Metzger

Computergrafik: Kartographie Huber

Zhou Peifang, Jahrgang 1955.
1974–1977 Studium des chinesischen
Kampfsports Wushu an der Sporthochschule
Peking. 1977 wurde sie chinesische Vize-
Meisterin im Yang-Taijiquan, des weiteren ist
sie Gewinnerin zahlreicher überregionaler
Titel in anderen Taijiquan-Stilarten.
Seit 1977 ist Zhou Peifang Dozentin und
Trainerin für Wushu an der Sporthochschule
Peking, außerdem ist sie im Auftrag der chi-
nesischen Regierung seit 1982 als Dozentin
für Taijiquan regelmäßig in Japan.

BLV Verlagsgesellschaft mbH
München Wien Zürich
8000 München 40

BLV Sportpraxis 266

© 1990 BLV Verlagsgesellschaft mbH,
München

Wolfgang Metzger, Jahrgang 1939.
Sport- und Englisch-Studium, Studiendirektor,
Seminarlehrer für Pädagogik. Seit 1986
jährlich regelmäßig zum Studium des Taiji-
quan und zur Ausbildung bei Zhou Peifang
an der Sporthochschule Peking und an der
Sporthochschule Tianjin, Abteilung Wushu.
Seit 1989 erteilt Wolfgang Metzger
Taijiquan-Unterricht an der Universität
Würzburg.

Satz: Kartographie Huber
Druck: Appl, Wemding
Buchbinder: Großbinderei Monheim

Printed in Germany · ISBN 3-405-13747-0

Inhalt

Inhalt

Vorwort

Dieses Buch ist eine Einführung in die Grundlagen des Taijiquan.

Der *theoretische Teil* befaßt sich mit dem historisch-philosophischen Hintergrund des Taijiquan, seiner Bedeutung als Disziplin des traditionellen chinesischen Kampfsports Wushu und als umfassendes, den ganzen Menschen ansprechendes Fitnessprogramm. Wohl zum ersten Mal wird im theoretischen Kontext die Bewegungsstruktur im Taijiquan mit der allgemeinen Bewegungsstrukturierung im Sport verglichen.

Für den *praktischen Teil* wurde als Einführung in das Taijiquan die Kurze Peking-Form gewählt. Die gesamte Sequenz mit ihren 24 Formen ist für den Anfänger in ihrer Länge überschaubar, im Aufbau verständlich und im Schwierigkeitsgrad nicht überfordernd. Die hinführenden Übungen erlauben es ihm, sich langsam, sorgfältig und im Einklang mit den grundlegenden Kriterien der Bewegungsausführung des Taijiquan in die ungewohnten Bewegungsabläufe einzuarbeiten.

Hin und wieder wird bei uns in Deutschland das gegenwärtig in der VR China gepflegte Taijiquan in unqualifizierter Weise abgetan und vor allem als nicht mehr »authentisch« bezeichnet. Dazu sei angemerkt, daß wohl jede Sportart, jede Bewegungskunst, im Laufe der Jahre durch verschiedene Einflüsse, besonders aber durch moderne sportwissenschaftliche Erkenntnisse in ihrer technischen Gestaltung und Ausführung laufend verbessert und weiterentwickelt wird. Warum sollte Taijiquan eine Ausnahme machen? Oder wirbt heutzutage bei uns noch jemand für Gerätturnen im Stile Turnvater Jahns? Dessen Verdienste und die der »alten Taijiquan-Meister« werden durch die Veränderungen keineswegs geschmälert!

Allen, die bei der Gestaltung des Buches mitgewirkt haben, sei herzlich gedankt: Meiner Co-Autorin, Zhou Peifang, und Prof. Dr. Tian Maijiu, beide von der Sporthochschule Peking; Prof. Dr. Manfred Grosser, TU München; dem Lehrteam für Wushu der Sporthochschule Tianjin mit Su Zhenping, Yuan Xi, Lü Guangchen, Shan Xiwen, Gao Wenshan und meinen Freunden Xiao Yingyong und Li Shenbiao.

Wolfgang Metzger

北 京 体 育 学 院

Beijing Institute of Physical Education

Cable 7555   Beijing 100084   People's Republic of China

贺　辞

历经三年多的辛勤努力,《正确学习太极拳》一书终于由巴伐利亚农业出版社出版了。我为此由衷地感到高兴。

这本书的倡议者,我的朋友沃尔夫冈·迈斯格先生多年来从师于周佩芳女士习练太极拳。本书作者之一的周佩芳女士是北京体育学院优秀的武术教师,具有精湛的技艺和丰富的理论知识。1977年,她曾荣获中国杨氏太极拳的全国亚军,并多次担任全国武术比赛和国际武术比赛的裁判员。

特别使人高兴的是葛欧瑟教授也参加了本书的编著,撰写了《太极拳的动作结构》这一章。我与葛欧瑟教授交往甚笃,他以其丰富的学识在中国同行中享有盛誉。

我祝愿本书的作者取得成功,祝愿这本书能够得到读者的喜爱,祝愿本书的读者能深刻地体验到学习太极拳的乐趣,并持之以恒地进行练习。

田麦久　博士
教授　1990年春于北京

Grußwort

Ich freue mich sehr, daß nun nach dreijähriger Vorbereitungsarbeit die BLV Verlagsgesellschaft dieses Buch über eine Einführung ins Taijiquan herausbringt.

Mein Freund und Initiator des vorliegenden Bandes, Wolfgang Metzger, ist seit Jahren persönlicher Schüler der Co-Autorin Zhou Peifang. Zhous umfangreiches theoretisches Wissen und praktisches Können machten sie zu einer der führenden Lehrkräfte in der Abteilung Wushu der Sporthochschule Peking. Auf dem Höhepunkt ihrer aktiven Laufbahn errang Zhou Peifang 1977 den chinesischen Vizemeister-Titel im Yang-Taijiquan. Aufgrund ihrer hohen fachlichen Qualifikation wurde sie mehrfach bei nationalen und internationalen Wushu-Meisterschaften als Kampfrichterin eingesetzt.

Besonders freut mich die Mitarbeit von Prof. Dr. Manfred Grosser, TU München, bei den Kapiteln »Allgemeine Strukturierung sportlicher Bewegungen« und »Spezielle Strukturierung von Taijiquan-Bewegungen«. Prof. Grosser, dem ich persönlich sehr verbunden bin, genießt durch seine sportwissenschaftlichen Veröffentlichungen zur Bewegungslehre auch in Fachkreisen Chinas hohes Ansehen.

Ich wünsche den Autoren mit diesem Buch, das durch seinen methodisch gut durchdachten Aufbau besonders zur Einführung geeignet ist, viel Erfolg sowie den Benutzern Freude und die nötige Ausdauer beim Üben.

Frühjahr 1990

Dr. Tian Maijiu
Professor für Trainingswissenschaft an der Sporthochschule Peking
Ständiges Vorstandsmitglied der sportwissenschaftlichen Beratungskommission Chinas
Mitglied des Nationalen Olympischen Komitees der VR China

Einführung

Taijiquan
im chinesischen Alltag

Wer sich als Tourist in den frühen Morgenstunden aufmacht, vor allem an Wochenenden und in den warmen Monaten am besten schon vor 6 Uhr, und in Großstädten wie Peking oder Shanghai Parkanlagen und freie Plätze aufsucht, dem bietet sich ein für Europäer ungewöhnliches Bild:

Von überall her strömen Menschen, manche mit schwert- und degenartigen Waffen, formieren sich zu kleineren oder größeren Gruppen, beginnen sich zu dehnen und zu strecken, um dann nach einer Zeit des Aufwärmens mit ihrem eigentlichen Programm zu beginnen, das still und ohne die bei vielen Gymnastikarten üblichen lauten und keuchenden Atemgeräusche abläuft, unverkrampft und wie selbstverständlich. Fast jede Gruppe richtet sich nach Übungsleitern, die — gelegentlich mit weißen Handschuhen — Form und Tempo des Übungsablaufs vorgeben und, wo nötig, Korrekturen anbringen. Die Übungspausen sind erfüllt von heiteren Gesprächen und entspanntem Lachen.

Was machen diese Menschen so hingebungsvoll und aufs äußerste konzentriert?

Eine poetische Antwort

In seinem utopischen Roman »Eiland« versucht der berühmte britische Schriftsteller Aldous Huxley (1894–1963), dieses Bild in eine dichterische Form zu bringen. Obwohl er Taijiquan nicht beim Namen nennt, wissen wir von seiner Frau Laura, der der Roman gewidmet ist, daß er von jener meditativen, asiatischen Bewegungskunst wußte und sie als »Tanz« so beschrieb:

»... Keine hohen Sprünge oder Sätze, kein Laufen. Die Füße fast immer fest auf dem Boden. Nur ein Biegen des Körpers und Seitwärtsbewegungen der Knie und Hüften. Jeglicher Ausdruck beschränkt auf Arme, Handgelenke und Hände, auf Hals und Kopf, auf das Gesicht und vor allem die Augen. Bewegungen von den Schultern aufwärts und auswärts – an sich schöne und zugleich mit symbolischer Bedeutung geladene Bewegungen. Denken, das in ritualer und stilisierter Gebärde Gestalt wird. Der ganze Körper in eine Hieroglyphe verwandelt, eine Folge von Hieroglyphen, von Stellungen, von einer Bedeutung zur anderen modulierend.... Bewegungen von Muskeln, die Bewegungen der Bewußtheit darstellen, das Übergehen von So-Sein in die Vielen, der Vielen in den immanenten und allgegenwärtigen Einen.

›Es ist in Tätigkeit umgesetztes Meditieren‹ ....« (HUXLEY 1985).

Taijiquan und seine heutige Bedeutung

Taijiquan wird heute in der VR China einerseits dem traditionellen Kampfsport *Wushu* als Disziplin zugeordnet und auch wettkampfmäßig ausgeübt, andererseits gilt es in der breiten Bevölkerung als *Fitness-Programm*, das im sportlichen Sinne nicht leistungsorientiert ist, sondern zum allgemeinen geistig-psychischen und körperlichen Wohlbefinden, zur Stabilisierung der Gesundheit und zur Bekämpfung bestimmter Krankheiten, z.B. im Herz-Kreislauf-Bereich, beiträgt.

Taijiquan als Mittel der Selbstverteidigung im Alltag kommt nur noch theoretische Bedeutung zu, sollte aber zum tieferen Verständnis der einzelnen Formen nicht außer acht gelassen werden; denn alle Fußstellungen, Hand-, Arm-, Kopf- und Rumpfbewegungen müssen die grundlegenden Kriterien des Kampfsports erfüllen. Die beiden Abbildungen mögen den Zusammenhang deutlich machen.

Form 2: »Die Mähne des Pferdes teilen« (links) und ihre Anwendung (rechts).

Taijiquan als Wushu-Disziplin

Wushu wird in der VR China an den meisten Universitäten, Sporthochschulen sowie Mittel- und Grundschulen unterrichtet. So ist z.B. Taijiquan auch Prüfungsfach für alle Sportstudenten an den Sporthochschulen von Peking, Shanghai und Tianjin.

Die Wushu-Disziplinen beinhalten Sequenzen von überlegt aneinandergereihten Kampfhandlungen, d.h. Angriffs- und Verteidigungsformen, die mit und ohne Waffen dargestellt werden. Als Waffen dienen z.B. Speere, Stöcke, Breitschwerter, die neungliedrige Peitsche, der dreiteilige, mit Scharnieren verbundene Stock oder die Hammerkette.

Taijiquan kann mit und ohne Gerät ausgeübt werden. Wird gemäß den Kriterien des Taijiquan mit einem Schwert oder einem Degen agiert, so spricht man von *Taijidao* bzw. *Taijijian*.

Der auffälligste äußere Unterschied zwischen Taijiquan und den übrigen Wushu-Disziplinen ist für den Betrachter die sehr langsame, zeitlupenartige Ausführung der Bewegungen beim Taijiquan.

Wushu-Wettbewerbe werden nach einem strengen Reglement mit Punktwertung durchgeführt, ähnlich dem beim Kunstturnen oder Eiskunstlauf. *Gekämpft* wird in den Einzelwettbewerben gegen einen imaginären Gegner oder zu zweit oder zu dritt gegen Sparringspartner, wobei nach einem festgelegten Ablauf *angegriffen* und *verteidigt* wird, so daß bei Einhaltung der Regeln harte und direkte Körpertreffer – und damit eine Verletzungsgefahr – so gut wie ausgeschlossen werden.

Wertungskriterien bei Taijiquan-Wettbewerben

Jeder der großen Taijiquan-Stile hat seine spezifischen Eigenarten und Merkmale, die in der historischen Entwicklung der einzelnen Schulen begründet liegen (s. »Zur speziellen Geschichte des Taijiquan«, Seite 14ff.). Dennoch gibt es bei der Ausführung grundlegende, allgemeingültige Kriterien, die als Maßstab bei der Beurteilung des Wettkämpfers und seiner Darbietung gelten (s. »Kriterien der Bewegungsausführung im Taijiquan«, Seite 29ff.).

So ist die Vorführung einer Taijiquan-Sequenz, die aus einer bestimmten Anzahl von Einzelformen besteht (bei der Kurzen Peking-Form sind es 24), auf 6 Minuten begrenzt. Die höchste erreichbare Punktzahl 10 wird wie folgt verteilt:

6 Punkte für Qualität und Exaktheit in der technischen Ausführung der einzelnen Bewegungsteile.

2 Punkte für einen wohldosierten, harmonischen Kraft- und Energieeinsatz, der die Bewegungen des Rumpfes und der Extremitäten im Ausdruck sanft und fließend erscheinen läßt.

2 Punkte für Konzentrationsvermögen, entspannten Gesichtsausdruck, angemessene Bewegungsgeschwindigkeit, Variationsvermögen, überlegten Aufbau der Sequenz und ausgewogene Choreographie.

Wie z.B. im Kunstturnen und Eiskunstlauf, werden auch hier entsprechend den Fehlern genau vorgeschriebene Punktanteile abgezogen. Das Kampfgericht besteht in der Regel aus ehemaligen Meistern und jetzigen Hochschuldozenten.

Während die heute gültigen, bei vielen Wushu-Lehrern umstrittenen Wettkampfregeln 1959 im Jahr der Gründung des Chinesischen Wushu-Verbandes landesweit eingeführt wurden, gab es schon über zwei Jahrzehnte vorher die ersten Wushu-Meisterschaften auf nationaler Ebene.

Wushu in der Tradition Chinas

Wann genau Wushu als traditioneller chinesischer Kampfsport erstmalig in Erscheinung trat, läßt sich nicht mit Sicherheit belegen. Kann man Taijiquan auf etwa 300 Jahre zurückverfolgen, so hat Wushu eine weitaus ältere, belegbare Tradition. Demnach zog man schon im 7. Jahrhundert in den verschiedenen Dynastien Wushu-Leistungen als Auswahlkriterien für die körperliche Eignung zur Einberufung in den Militärdienst heran. Wushu-Wettbewerbe wurden vor allem in der Song-Dynastie (960–1279) und Ming-Dynastie (1368–1644) gefördert und in der Öffentlichkeit durchgeführt. In der Qing-Dynastie (1644–1911) fand Wushu auch als Mittel körperlicher Ertüchtigung und zur Gesunderhaltung in der Bevölkerung Zuspruch.

Bedingt durch die beiden Weltkriege in unserem Jahrhundert und durch die nachfolgenden politischen und gesellschaftlichen Umwälzungen und Veränderungen in der VR China, kam die Popularität von Wushu erst wieder Ende der 70er und dann in der zweiten Hälfte der 80er Jahre über die Landesgrenzen hinaus entscheidend zur Geltung.

Die Auswahl der nebenstehenden Daten der letzten Jahre zeigt die rapide interne und weltweite Fortentwicklung im Kampfsport Wushu und damit auch im Taijiquan, das innerhalb der einzelnen Disziplinen seinen festen Platz einnimmt.

Zur speziellen Geschichte des Taijiquan

Taijiquan als Wushu-Disziplin hat eine eigene Historie. Sie ist die Geschichte der Entwicklung und Entstehung von

1985 ● Festsetzung offizieller Titel für Wushu-Kämpfer gemäß ihrem Alter und Leistungsstand
    ● Gründung des Europäischen Wushu-Verbandes in Bologna, Italien
    ● Internationales Wushu-Einladungsturnier in Xian

1986 ● Gründung eines Wushu-Forschungsinstitutes in Peking
    ● Gründung des Südamerikanischen Wushu-Verbandes in La Rioja, Argentinien
    ● Internationales Wushu-Einladungsturnier in Tianjin

1987 ● Gründung des Asiatischen Wushu-Verbandes in Yokohama, Japan
    ● 1. Asiatische Wushu-Meisterschaften in Yokohama, Japan

1988 ● Internationales Wushu-Festival in Hangzou und Shenzhen

1989 ● Auf Initiative des Chinesischen Wushu-Verbandes Zusammenstellung neuer Sequenzen aus allen traditionsreichen Taijiquan-Schulen mit einheitlich 40 Formen, zukünftig national und international für die Teilnahme und Bewertung bei Wettkämpfen verbindlich

1990 ● Wushu erstmalig bei den (11.) Asien-Spielen in Peking als Sportart zugelassen

Schulen, durch die das Taijiquan bis in unsere Gegenwart überliefert wurde.

Die Chen-Schule

Bis heute ist noch nicht völlig geklärt, wer der eigentliche Begründer des Taijiquan war. In der VR China neigt man dazu, diese Ehre einem gewissen *Chen Wangting* zukommen zu lassen, der im 17. Jahrhundert lebte und der 9.

Generation einer Familie Chen aus dem Bezirk Wenxian in der Provinz Henan angehörte.

Bei der Entwicklung seines Taijiquan entnahm Chen Wangting wesentliche Anregungen aus dem Werk des berühmten Generals Qi Jiguang (1528–1587), »Faustkampf in 32 Formen«, das als Handbuch für militärische Ausbildung diente. 29 dieser Formen integrierte Chen Wangting in seine eigenen Bewegungssequenzen. Über 200 Jahre wurde Chen Wangtings Taijiquan ohne schriftliche Überlieferung von einer Generation zur nächsten weitergegeben. Erst ein Nachkomme aus der 16. Generation, *Chen Xin (1849–1929)*, soll 12 Jahre mit der Niederschrift eines Werkes mit dem Titel »Taijiquan mit Illustrationen« verbracht haben, das 1933 erstmalig veröffentlicht wurde und sich ganz dem Chen-Stil widmet.

Der heute bekannteste Vertreter des Chen-Stils in der VR China ist *Chen Xiaowang*, ein Nachkomme der 19. Generation der Chen-Familie und mehrfacher nationaler Meister in seinem Stil.

Auffallende Merkmale des Chen-Stils sind weiche, fließende Formen, die urplötzlich übergehen können in explosive, ruckartige Bewegungen, an denen der ganze Körper als Einheit beteiligt ist. Selbst Sprünge sind in der Sequenz enthalten. Aus der Tradition der Chen-Schule sind alle heute bekannten und bedeutenden Stilrichtungen des Taijiquan hervorgegangen.

Die Yang-Schule

Der meistverbreitete Taijiquan-Stil ist der der Yang-Schule.

Als Gründervater wird *Yang Luchan (1795–1872)* genannt, der als Kind armer Leute im Kreis Yongnian in der Provinz Hebei geboren wurde. Mit 10 Jahren kam er als Gehilfe in die Familie Chen. Schon bald entdeckte man sein großes Talent für die Kampfkünste. *Chen Changxing (1771–1853)*, ein Meister aus der 14. Chen-Generation, bildete ihn zu einem hervorragenden Wushukämpfer aus. Mit 40 Jahren kehrte Yang Luchan in seine Heimat Yongnian zurück und verdiente mit Taijiquan-Unterricht seinen Lebensunterhalt. Wenig später ging er nach Peking, um auch dort zu lehren.

Sowohl Yang Luchan selbst als auch sein Sohn, *Yang Jianhou (1839–1917)*, und vor allem sein Enkel, *Yang Chengfu (1883–1936)*, arbeiteten stetig an der Verbesserung und Modifizierung ihres Stiles. Der auch heute noch innerhalb und außerhalb der VR China gepflegte »traditionelle« Yang-Stil geht in seinen grundlegenden Ausdrucksformen wesentlich auf Yang Chengfu zurück.

Im Gegensatz zum Chen-Stil ist der Yang-Stil gekennzeichnet durch einen gleichmäßig fließenden Bewegungsablauf und durch harmonisch ineinandergreifende Übergänge der einzelnen Formen. Er ist auch in seinen Anforderungen der Bewegungsführung weniger kompliziert, was aber keineswegs eine qualitative Minderung der Stilform bedeutet.

Die Wu-Schule des Wu Yuxiang und die Hao-Schule

Als Yang Luchan mit 40 nach Yongnian zurückkehrte, wohnte er auf einem

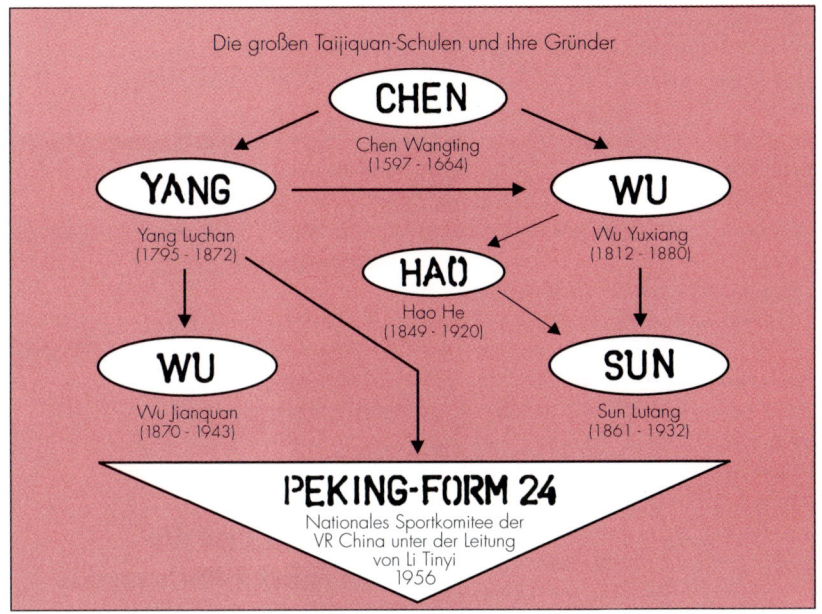

Die großen Taijiquan-Schulen und ihre Gründer

CHEN

Chen Wangting
(1597 - 1664)

YANG

Yang Luchan
(1795 - 1872)

WU

Wu Yuxiang
(1812 - 1880)

HAO

Hao He
(1849 - 1920)

WU

Wu Jianquan
(1870 - 1943)

SUN

Sun Lutang
(1861 - 1932)

PEKING-FORM 24

Nationales Sportkomitee der
VR China unter der Leitung
von Li Tinyi
1956

Grundstück der Familie Wu. Der Zufall ergab, daß *Wu Yuxiang (1812 bis 1880)* die Bekanntschaft von Yang Luchan machte und sich von ihm in Taijiquan unterweisen ließ. Um die letzten Feinheiten zu erlernen, reiste Wu Yuxiang im Jahre 1852 zu Yangs Lehrer Chen Changxing nach Wenxian. Doch Chen war aus Altersgründen nicht mehr in der Lage, Wu selbst zu unterrichten, und so schickte er ihn zu einem entfernten Neffen namens *Chen Qingping (1795–1868)*, der ihm eine überarbeitete Version des ursprünglichen Chen-Stils beibrachte.

Wu Yuxiang entwickelte auf der Basis des von Yang Luchan und von Chen Qingping Gelernten seinen eigenen Stil, für den schnelle und eng geführte Bewegungsfolgen typisch sind. Über Wus Neffen *Li Jinglun (1832–1892)* und dessen Schüler *Hao He (1849–1920)* wurde die Stilrichtung fortgeführt, wobei dann Hao He später die Zahl der Formen innerhalb der Sequenz erhöhte, zahlreiche Veränderungen vornahm und somit eine neue, nach ihm benannte Schule ins Leben rief.

Die Sun-Schule

Bei einem Peking-Besuch 1912 lernte Hao He *Sun Lutang (1861–1932)* kennen. Sun stammte aus der Provinz Hebei und genoß in Peking, wo er sich niedergelassen hatte, einen hervorragenden Ruf als Meister der Faustkampfarten Baguaquan und Xingyiquan.

Hao zog sich bei seinem Peking-Aufenthalt eine schwere Krankheit zu. Sun Lutang kümmerte sich um Hao und vermittelte ihm die besten erreichbaren Ärzte. Als Dank für Suns Fürsorge unterrichtete Hao ihn nach seiner Genesung in seinem Taijiquan-Stil.

Sun Lutang integrierte die von Hao erworbenen Kenntnisse in seinen bereits vorhandenen großen Erfahrungsschatz von Faustkampfarten und entwickelte schließlich mit 85 Formen eine eigenständige Sequenz. Der Sun-Stil ist zügig in seinen Handbewegungen, weich und fließend beim Wechsel von Be- und Entlastung in der Beinarbeit.

Die Wu-Schule des Wu Jianquan

Wu Jianquan (1870–1943) war mandschurischer Abstammung. Seine hervorragenden Kenntnisse und Fertigkeiten im Taijiquan erwarb er von seinem Vater. Dieser lernte Taijiquan von Yang Luchan und dessen zweitem Sohn, Yang Banhou (1837–1892).

Wu Jianquan lehrte lange Jahre zunächst im Yang-Stil, bis er daraus seinen eigenen entwickelte. 1928 unterrichtete Wu, der inzwischen zum Professor ernannt worden war, bei der *Gesellschaft für Wushu* in Shanghai. 1935 gründete er die *Jianquan-Taiji-quan-Gesellschaft*, die eine wichtige Rolle bei der Förderung und Verbreitung der Wu-Schule spielte.

Der Wu-Stil des Wu Jianquan wirkt in seinem Ausdruck weniger sanft als der Yang-Stil, ist kompakter und in allen kreisförmigen Bewegungsführungen raumsparender.

Geht man nach der Popularität der verschiedenen Stile, so dürfte der Wu-Stil des Wu Jianquan hinter dem Yang- und Chen-Stil vor allem außerhalb der VR China an dritter Stelle liegen.

Taijiquan und die chinesische Philosophie

Zum besseren Verständnis des Wesens des Taijiquan sollte der Anfänger neben einem Grundwissen über die faktische Entstehungs- und Entwicklungsgeschichte der *Schulen* auch Kenntnisse darüber haben, wie Taijiquan mit der chinesischen Philosophie, deren Wurzeln mindestens bis in das 5. Jahrhundert v. Chr. reichen, verwoben ist.

Was heißt Taijiquan?

Das Wort setzt sich aus zwei Begriffen zusammen: *taiji* und *quan*. Zur Bedeutung von taiji schreibt z.B. ENGELHARDT: »Die grundsätzliche Vorstellung, die mit diesem Begriff verbunden wird, ist die eines undifferenzierten Urgrundes, welcher der Entstehung der Welt zugrunde liegt. Auf diesem Urgrund bilden sich die beiden polaren Kräfte Yin und Yang heraus, durch deren wechselseitige Interaktion die Welt entsteht. Zum ersten Mal erscheint der Begriff *taiji* im »Buch der Wandlungen – *Yijing*«, wo es heißt: In den Wandlungen gibt es das *taiji,* das die beiden Kräfte (Yin und Yang) hervorbringt.« (in: PROKSCH 1987, 139).

Der Begriff *quan* kann in dreifacher Weise ausgelegt werden:
1. Kampf mit leerer Faust (Kampf ohne Waffe),
2. Sammlung der Lebenskräfte im Körperinnern,
3. Die Ausgewogenheit der beiden Kräfte *Yin* und *Yang* (vgl. ENGELHARDT in: PROKSCH 1987, 140).

Chen Xin, ein Exponent der Chen-Schule (Seite 15f.), erwähnt als erster den Gesamtbegriff taijiquan in seinem Werk über »Taijiquan«. ENGELHARDT zitiert daraus:
»Der Begriff *quan* bedeutet auch Ausgewogenheit; deshalb wägt man die Dinge ab und erkennt ihre Schwere oder Leichtigkeit. Aber das Grundprinzip (des Taijiquan) wurzelt in Wirklichkeit im *taiji*, und dabei ist seine Anwendung untrennbar mit beiden Fäusten verbunden. Überdies stellt der gesamte menschliche Körper von oben bis unten ein *taiji* dar, und zugleich ist der gesamte menschliche Körper ein *quan*. Man sollte *quan* nicht nur im Sinne von Faust verstehen« (in: PROKSCH 1987, 140).

Wie immer man den Gesamtbegriff *taijiquan* mit unserer Sprache erklären mag, er ist schwer verständlich, weist uns aber darauf hin, daß es bei der Ausübung des Taijiquan nicht um bloße Zweckgymnastik oder Ästhetik in der Bewegung geht, sondern auch um eine *innere Einstellung*. Diese basiert auf der Lebensphilosophie eben jener zitierten »Ausgewogenheit« und Bewußtheit, daß nämlich der Mensch einem steten Wandel, dem Naturgesetz des Entstehens und Vergehens, ausgesetzt ist, einem kosmischen Prozeß, den die alten Chinesen das *Tao* nannten.

Das Tao

»Das Hauptmerkmal des Tao ist die zyklische Natur seiner unaufhörlichen Bewegung und Wandlung.(…) Es ist die Vorstellung, daß alle Entwicklungen in der Natur, in der physischen Welt und in der menschlichen Situation zyklische Strukturen des Kommens und Gehens, der Ausdehnung und der Kontraktion aufweisen.(…) Die Vorstellung von der zyklischen Struktur der Bewegung des Tao erhielt durch die Gegenpole Yin und Yang ein definiertes Gerüst« (CAPRA: Das Tao der Physik 1988, 109 f.).

Allerdings haben wir es im Taijiquan entprechend bewegungstheoretischen Grundlagen mit sog. *azyklischen* Bewegungen zu tun, die fließend hintereinander ablaufen (sog. Bewegungskombinationen). Der in der Philosophie

YANG

Himmel

天

人

Mensch

YIN

地

Erde

Taiji-Diagramm
oder
Diagramm des
Allerhöchsten Prinzips

verwendete Begriff des Zyklischen bezieht sich in erster Linie auf den ständigen Wechsel von Spannung und Entspannung in der Muskulatur und somit eigentlich auf das *Fließende einer Bewegung*; die gleichen Erscheinungsmerkmale ergeben sich in den fließenden Verbindungen der von uns als bewegungstheoretisch korrekter bezeichneten azyklischen Bewegungen. In diesem Vergleich sehen wir aber keinen grundsätzlichen Widerspruch.

Yin und Yang

Nach taoistischer Anschauung entspricht der Himmel *Yang*, die Erde *Yin*. Der Himmel oben ist *Bewegung*, die Erde unten *Ruhe*, und zwischen den beiden Polen steht der *Mensch*, der beide polare Kräfte gleichermaßen symmetrisch in sich vereinigt. Diese Kräfte wirken nicht statisch, sondern sind dynamisch angelegt.

Der dynamische Charakter von Yin und Yang wird durch das bekannte »Taiji-Diagramm«, auch »Diagramm des Allerhöchsten Prinzips« genannt, dargestellt. Es zeigt eine Rotationssymmetrie, in der der schwarze Teil *Yin die Erde*, der weiße Teil *Yang den Himmel* repräsentiert. Nebenstehende Abbildung veranschaulicht diese beiden Kräfte.

»Die beiden Punkte im Diagramm symbolisieren die Vorstellung, daß jedesmal, wenn eine der beiden Kräfte ihren Extremwert erreicht, sie bereits die Saat des Gegenteils in sich trägt« (CAPRA: Das Tao der Physik 1988, 111).

Im alten chinesischen Denken sind die beiden Pole *Yin* und *Yang* keine widerstreitenden Gegensätze, sondern nur verschiedene Seiten derselben Medaille.

»Nichts ist nur *Yin* oder nur *Yang* «, schreibt CAPRA in »Wendezeit«. »Alle Naturerscheinungen sind Manifestationen eines kontinuierlichen Wechselspiels zwischen den beiden Polen, alle Übergänge finden stufenlos und in ununterbrochener Aufeinanderfolge statt. Die natürliche Ordnung besteht in einem dynamischen Gleichgewicht zwischen *Yin* und *Yang*« (1988, 32).

Genau diesem Prinzip entspricht der generelle Bewegungsablauf im Taijiquan. So unterscheiden wir *Yin-* und *Yang-Bewegungen* der Arme und Beine, im stetigen Wechsel der Anspannung und Entspannung. Diese Bewegungen erfolgen nicht isoliert, sondern im harmonischen Zusammenspiel mit Kopf und Rumpf und bilden so ein einheitliches Ganzes.

In den »Klassischen Schriften« des Taijiquan lesen wir dazu bei Wu Yuxiang:

»Bewegt man einen Körperteil, ist der ganze Körper aktiv; wird dieser eine Teil nicht mehr bewegt, kommt der ganze Körper zum Stillstand« (in: JOU 1981, 192).

Kommen wir auf die Bedeutung des *taiji* zurück, können wir mit ENGELHARDT zusammenfassend sagen: »Im Taijiquan folgen Atmung, Bewegung und Konzentration dem ständigen Wechselspiel von Yin und Yang, um dadurch den ›Urgrund‹ im eigenen Körper zu aktivieren und gänzlich Teil des kosmischen Geschehens zu werden« (in: PROKSCH, 139).

Taijiquan und der Begriff des Qi

Im theoretischen Gerüst des Taijiquan ist *Qi* (auch Chi oder Ch'i) ein zentraler Begriff, der nur im Zusammenhang mit der Theorie des Yin und Yang verständlich wird. Wir fügen ihn hier an, hätten ihn aber ebensogut im Kapitel über die Auswirkungen des Taijiquan auf die Gesundheit behandeln können.

»Der Geist lenkt den Fluß des Qi, damit es tief sinken und sich in den Knochen sammeln kann. Wenn das Qi im Körper frei fließt, ohne Behinderung, wird dieser leicht durch den Geist gelenkt« (in: JOU 1981, 186). So lautet ein weiterer Lehrsatz des Wu Yuxiang.

Was heißt Qi, wie wirkt es?

Wir fragen natürlich sofort nach der Bedeutung und der Wirkung des Qi. Ist es eine Substanz, die in unserem Körper fließt, und wie kann sie gelenkt werden? Im Rahmen unserer Einführung wollen wir dieses in der Taijiquan-Literatur viel- und kontrovers diskutierte Thema über die Rolle des Qi nur anreißen, um dem Anfänger einen Einstieg in die schwierige Problematik der Interpretation zu vermitteln.

Der Bedeutungsumfang des Zeichens Qi läßt zunächst keine kurze, alles umfassende Übersetzung zu. Allgemein kann man sagen, »daß dieser Vielfalt von Bedeutungsinhalten ein Moment des *Durchdringens, Strömens, Sich-Verbreitens* gemeinsam ist« (ENGELHARDT 1987, 2).

Aus einem um 320 n.Chr. verfaßten Text erfahren wir über die allumfassende Eigenschaft des Qi: »Der Mensch lebt inmitten von Qi und Qi erfüllt den Menschen. Angefangen bei Himmel und Erde bis zu den Zehntausend Wesen, alles bedarf des Qi, um zu leben. Wer das Qi zu führen weiß, nährt im Inneren seinen Körper und wehrt nach außen hin schädigende Einflüsse ab« (ENGELHARDT 1987, 3).

So ist nach traditionellem Verständnis Qi nicht nur innerhalb des menschlichen Körpers wirksam, sondern durchdringt den ganzen Kosmos. Es beeinflußt also den Menschen von innen und wirkt auch von außen auf ihn ein. Damit ließe sich der Begriff Qi in den Bereich der Energetik einordnen, jedoch *ist Qi keine nachweisbare Substanz, die fließt.*

PORKERT definiert: »Ch'i kommt dem nahe, was unser Ausdruck *Energie* besagt. Es kommt ihm nahe, ist aber kein wirkliches Äquivalent. Ch'i impliziert immer eine Qualifikation, und zwar die Qualifikation von etwas Gerichtetem. Ch'i impliziert eine Ausrichtung, eine Bewegung in eine bestimmte Richtung« (nach CAPRA 1987, 178 f.).

Der Physiker CAPRA, der der Frage nachging, »... in welcher Beziehung Ch'i zum Energiebegriff in der Physik steht, der dort ein quantitatives Maß von Energie ist«, kommt zu folgendem Urteil: »Ch'i ist keine Substanz und hat auch nicht die rein quantitative Bedeutung unseres wissenschaftlichen Begriffes Energie. In der chinesischen Medizin wird das Wort auf sehr subtile Weise gebraucht, um die verschiedenen Muster des Fließens und Fluktuierens im menschlichen Körper zu beschreiben, aber auch den fortlaufenden Austausch zwischen Organismus und Umwelt. Ch'i bezieht sich nicht auf den Fluß einer besonderen Substanz, sondern scheint mehr das Prinzip des Fließens an sich darzustellen, das nach chinesischer Ansicht stets zyklisch ist« (1987, 177).

Welche Rolle spielt nun das Qi im Körper des Menschen? Welche Vorstellungen sind damit verbunden? Vereinfacht ausgedrückt ist nach der traditionellen chinesischen Medizin der menschliche Körper aus Yin- und Yang-Teilen, (d.h. aus Yin- und Yang-Organen) zusammengesetzt. Der Mensch ist dann gesund, wenn sich alle diese Teile in einem harmonischen Gleichgewicht befinden. Dieses Gleichgewicht wird durch das ungehinderte Fließen von Qi (also »Lebensenergie« im weitesten Sinne) entlang einem System von Meridianen aufrechterhalten, wobei Yang-Meridiane zu Yin-Organen und Yin-Meridiane zu Yang-Organen führen. Wird nun Qi durch irgendeine Ursache am Fließen gehindert, so kommt es zu einer Störung oder Blockierung, und als Konsequenz erkrankt das betreffende Organ, d.h. der Mensch wird krank. Man versucht zu heilen, indem man Nadeln in entsprechende Akupunktur-Punkte setzt, die sich auf den Meridianen befinden, um so den Fluß des Qi wieder zu ermöglichen.

Als ergänzende – oder vorbeugende – Maßnahme gegen Störungen oder Blockierungen des Qi-Flusses kennt man in China seit alters her die sog. *Qi-Übungen* oder *Qigong*, »eine von Epoche zu Epoche und von Schule zu Schule unterschiedlich akzentuierte Synthese von Gymnastik sowie von Bewußtseins- und Atemführung« (PORKERT 1986, 238).

Die Bedeutung des Qi für Taijiquan

Im Taijiquan, um den Lehrsatz von Wu Yuxiang wieder aufzunehmen, geht es darum, durch die geistige Lenkung (ENGELHARDT spricht von Imagination) des Qi-Flusses den »Energiestrom« so fließen zu lassen, daß keine Behinderungen bzw. Blockierungen auftreten können und daß somit das gesamte Wohlbefinden des Übenden erhalten und gestärkt wird. Diese geistige Lenkung geschieht durch korrekte Ausführung der Bewegungen im Sinne der Kriterien (s. Seite 29ff.) und Bewegungsgesetze.

Der Umgang mit dem Qi

Wie soll nun der Übende mit dem Qi umgehen? Er lasse sich durch die Kompliziertheit der Problematik nicht abschrecken, sondern bemühe sich zunächst um eine korrekte technische Ausführung der einzelnen Formen, und dies mit Geduld und Ausdauer. Es ist gut und wichtig, einen Einblick in den theoretischen Bereich zu haben, dennoch ist die Praxis am wichtigsten.

Unser Rat steht in vollem Einklang mit der Antwort eines chinesischen Klinikchefs auf die Frage eines deutschen Professors nach der wissenschaftlichen Begründung der Akupunktur: »Ich will gerne versuchen, Ihnen diese zu erklären, aber ich muß Ihnen sagen, uns interessiert diese Frage überhaupt nicht. Uns genügt es, daß die Methode seit 2500 Jahren wirkt« (Leserbrief von V. Carstens an den *Spiegel,* zitiert bei PORKERT 1986, 404).

Und William C.C. Chen, ein auch in Europas Taijiquan-Kreisen sehr bekannter chinesischer Taijiquan-Meister, der in New York lebt und in seiner Auffassung besonders den Selbstverteidigungsaspekt des Taijiquan hervorhebt, meinte in einem Interview: »Was das geheimnisvolle Chi angeht, so mag es existieren, ich habe es aber niemals gesehen und es beschäftigt mich auch nicht. Wenn ich kämpfe, versuche ich, Fehler zu finden und mich zu korrigieren. Ich versuche anhand des praktischen Trainings die Wahrheit des Chi zu ergründen. Ich behaupte nicht, daß es kein Chi gibt, aber ich warte auch nicht darauf. Viele sagen: William Chen hat Chi. Wenn sie glauben, daß ich Chi habe, ist es okay. Ich habe keine Geheimnisse, was ich habe, ist verständlich erklärbar und jedermann kann es machen« (*Martial Arts* Nr. 5, 1985, 18).

Taijiquan als Fitness-Programm

Taijiquan aus medizinischer Sicht

Allgemeine Auswirkungen

Für Millionen von Chinesen ist Taijiquan ein tägliches Fitness-Programm, das sie aus eigenem Antrieb absolvieren oder in Krankenhäusern und Sanatorien als therapeutische Gymnastik verschrieben bekommen. Was macht Taijiquan als Fitness-Porgramm so wertvoll, und welche Auswirkungen hat Taijiquan auf die Gesundheit?

Wir wollen die in manchen Veröffentlichungen zu findenden Aufzählungen der Krankheiten und Beschwerden, auf die Taijiquan positiv einwirken soll, nicht kritiklos wiederholen. Taijiquan ist kein esoterisches Wundermittel gegen Krankheiten. Jedem Anfänger leuchtet aber ein, daß Taijiquan den *ganzen Bewegungsapparat,* den aktiven und den passiven, voll beansprucht. Während des Übens wird die *Muskulatur* auf angenehme Weise durchgearbeitet, im Wechsel zur Spannung gebracht und wieder entspannt. Besonders wird die Beinmuskulatur durch die kontinuierlichen Beuge- und Streckbewegungen der Knie gefordert und damit gekräftigt. Taijiquan ist deshalb für Winterportler eine ideale Skigymnastik! Die *Flexibilität* des gesamten Bewegungsapparates wird durch die sanfte Art der Bewegungsführung trainiert und damit im einzelnen die *Gelenkigkeit* der Körpergelenke und die *Dehnfähigkeit* der Muskulatur insgesamt verbessert und bewahrt.

Spezielle Auswirkungen

Im folgenden wollen wir uns auf eine Auswahl von gesundheitsfördernden Auswirkungen beschränken, die zwar ebenfalls subjektiv erfahrbar sind, deren objektiver Nachweis jedoch durch wissenschaftliche Untersuchungsergebnisse erbracht worden ist. Dabei geht es um die wichtigen Bereiche der

- Herz-Kreislauf-Erkrankungen und des
- Stoffwechsels.

Einfluß auf Herz, Kreislauf und Stoffwechsel – eine wissenschaftliche Untersuchung

Wir beziehen uns in unserer Darstellung auf eine Arbeit des »Chinesischen Wushu-Forschungsinstituts« in Peking, die anläßlich des »Internationalen Wushu-Festivals 1988« veröffentlicht wurde. Der Hintergrund dieser Untersuchung war folgender:
An der westlichen Peripherie Pekings befinden sich zahlreiche Universitäten

und Hochschulen, die zu den bedeutendsten des Landes zählen. Über 40 000 Menschen – die Studenten nicht mitgerechnet – sind im dortigen Wissenschaftsbetrieb als Lehrer, Forscher und Verwaltungsangestellte tätig. Erhebungen über deren Gesundheitszustand zu Beginn der 70er Jahre und weitere Anfang der 80er Jahre ergaben einen Befund, der alle aufschreckte. Die Lebenserwartung des Hochschulpersonals nämlich war mit 58 Jahren um zehn Jahre kürzer als die der Durchschnittsbevölkerung. Als häufigste Todesursache stellte man Herz- und Gefäßerkrankungen fest. Als Gründe, die zu den Erkrankungen führten, nannte man:

● Falsche Ernährung und Übergewicht,
● Streß,
● Bewegungsmangel.

Folgende Gegenmaßnahmen wurden getroffen: 1975 wurde der »Taijiquan Guidance Club«, eine von Freiwilligen getragene Vereinigung zur Förderung und Pflege der Gesundheit, ins Leben gerufen. Zehn Jahre später, 1985, gründete man die mit Fachkräften besetzte »Wushu-Vereinigung der chinesischen Akademie der Wissenschaften« in Peking.

Das Ergebnis dieser Gegenmaßnahmen ist selbst für die Chinesen erstaunlich. Nach letzten Angaben liegt die Zahl derer, die inzwischen aktiv und regelmäßig an Taijiquan-Programmen teilnehmen, bei 20 000!

Für diese Untersuchung, die sich von 1983 bis 1986 erstreckte, wurden folgende **Indikatoren** angewendet:

Das EEG (Elektroenzephalogramm)

Die bio-elektrische Aktivität der Nervenzellen verändert sich durch Gemütserregungen, durch die Tätigkeit der Sinnesorgane und bei Krankheiten. Mit Hilfe der Elektroenzephalographie werden die Aktionsströme des Gehirns aufgezeichnet, die durch Elektroden von verschiedenen Stellen der Kopfhaut abgeleitet werden.
Die Wissenschaft unterscheidet hauptsächlich das Auftreten von Alpha-, Beta- und Thetawellen. Ihnen werden spezifische, subjektive Empfindungen zugeschrieben.

Das EKG (Elektrokardiogramm)

Mittels der Elektrokardiographie werden die elektrischen Spannungsschwankungen, die sich durch den ganzen Körper ausbreiten, an der Oberfläche festgestellt und aufgezeichnet. Dieses Verfahren erleichtert die Diagnose von Rhythmusstörungen und anderen Herzerkrankungen.

Messung der Blutfette (Serumlipide)

Bei der Messung des Blutfettspiegels werden Blutproben entnommen. Anhand von Sollwerten wird dann der jeweilige Zustand als normal oder gesundheitsgefährdend eingestuft. Ein deutliches Überschreiten der Normalwerte (Hyperlipidemie) bedeutet fast immer eine Gefährdung des Menschen durch Herz- und Gefäßerkrankungen sowie Erkrankungen der Blutgefäße des Gehirns.

Die **Probanden** mit einem Durchschnittsalter von 50 Jahren wurden in zwei Gruppen eingeteilt: Die eine Gruppe bestand aus Männern und Frauen, die 5 Jahre und länger Taijiquan betrieben hatten (pro Woche 5–7 mal). Wir bezeichnen sie im folgenden als *Taijiquan-Gruppe*. Die andere Gruppe setzte sich aus Männern und Frauen zusammen, die keiner sportlichen Betätigung nachgegangen waren oder nur wenige Wochen Taijiquan geübt hatten. Sie bildete die *Kontrollgruppe*. Die jeweilige Gruppengröße bei EEG- und EKG-Untersuchungen umfaßte 20–25 Personen. Die Blutfettwerte wurden bei über 100 Teilnehmern gemessen.

Bei den EEG- und EKG-Messungen wurde eine Übungsdauer von jeweils 30 Minuten festgesetzt. Das EEG und das EKG wurde zweimal abgenommen: vor der Übung in Ruheposition (Rückenlage) und innerhalb von 5 Minuten nach der Übung. Herzschlag und Atemfrequenz wurden gleichzeitig gemessen.

Als Taijiquan-Stil wurde der modifizierte Yang-Stil der Peking-Form (die Sequenz mit 24 und 48 Formen) gewählt. Es sind die heute in China am häufigsten in Parkanlagen zu beobachtenden Sequenzen.

Ergebnisse und Schlußfolgerungen

EEG-Messungen

Bei der *Taijiquan-Gruppe* zeigte sich ein deutliches Überwiegen des Alpha-Wellen-Bereichs. Dem physiologischen Zustand entsprach ein subjektives Empfinden, das mit *ausgeglichen, entspannt, geistig klar, konzentriert* und *hellwach* wiedergegeben wurde.

Bei der *Kontrollgruppe* trat das dominante Phänomen der Alpha-Wellen kaum in Erscheinung, lediglich in wenigen Fällen konnte ein leichtes Ansteigen der Alpha-Wellen und ein geringes Abnehmen der Beta-Wellen beobachtet werden.

EKG-Messungen

Bei der *Taijiquan-Gruppe* registrierte man eine vermehrte Blutversorgung des Herzmuskels und eine positive Einwirkung auf die Regulierung des Herzschlags in Fällen von Tachykardie (beschleunigte Herzfrequenz) und Bradykardie (sehr langsame Herzschlagfolge). Bei Erkrankung der Herzkranzgefäße konnte bei entsprechender Dosierung der Übungen eine Besserung des Zustandes verzeichnet werden.

Da der Ablauf der Taijiquan-Bewegungen langsam und sanft erfolgt, hat der Übende stets eine zuverlässige Kontrolle über sein eigenes Leistungsvermögen. Das Risiko einer Schädigung des Herzens ist daher so gut wie ausgeschlossen. Aus dieser Sicht ist Taijiquan ein geradezu ideales Angebot für Herzgruppen.

Blutfettwerte

Der Sollwert der Blutfette (Cholesterin, Betalipoproteine und Triglyceride) wurde bei den meisten Teilnehmern der Taijiquan-Gruppe nicht oder nur geringfügig überschritten. Bei Personen mit langjähriger Praxis hat man folgende Erklärung:

Das Gehirn des Übenden befindet sich während und lange nach der Aktivität in einem signifikanten Wachzustand (Überwiegen der Alpha-Wellen), wobei sich der ganze Mensch ruhig und entspannt fühlt. Dieser Zustand hilft pathologische Streßsymptome abbauen oder mildern. Ebenso beeinflußt er die Konzentration von Kortikoiden (Nebennierenrindenhormone) und Adrenalin im Blut und hält sie auf dem Normalwert. Als Folge davon sinken die Blutfettwerte und verlangsamen so die Ablagerung von LDL (Low-Density-Lipoproteine) an den Wänden der Arterien, die sonst zur Bildung von Arteriosklerose führen kann.

Ferner verstärkt die im Taijiquan geforderte Bauchatmung die Expansion des Zwerchfells, die eine besonders kräftige Massagewirkung auf die Leber ausübt und damit auch den Stoffwechsel erheblich forciert und den Blutfettspiegel senkt. Zum Thema »Atmung« s. auch Seite 32ff.

Zusammenfassung

1. Unbestritten ist beim Taijiquan die positive Einwirkung des Übens auf den gesamten Bewegungsapparat: Muskeln, Knochen und Gelenke.

2. Die Arbeit des Wushu-Forschungsinstituts zeigt, daß Taijiquan als Mittel der Prävention, Gesunderhaltung und Heilung von Krankheiten eingesetzt werden kann, die den Bereich Herz-Kreislauf-System, Gehirnfunktion und den Stoffwechsel betreffen.

3. Was Taijiquan aber deutlich von den meisten anderen Fitness-Programmen unterscheidet, ist der physiologische und psychische Aspekt, der bei den EEG-Testergebnissen überaus deutlich in Erscheinung trat: *Das Phänomen der Alpha-Wellen.* Wann treten Alpha-Wellen auf?

»..., *wenn der Organismus im Wachzustand völlig entspannt ist.* Das heißt aber, daß der Mensch nur dann Alpha-Wellen produzieren kann, wenn in seinem Kopf alle Überlegungen aufgehört haben. Damit ist er aber auch automatisch von all seinen Ängsten befreit.*Ein ideales Mittel also, die beim gestreßten Menschen so wichtigen Erholungsphasen herbeizuführen«* (VESTER 1976, 135).

Die Wahl der Kurzen Peking-Form

Die Kurze Peking-Form basiert auf dem Yang-Stil und wurde durch Experten der Staatlichen Sportkommission Chinas 1956 zusammengestellt. Sie besteht aus einer Sequenz von 24 aneinandergereihten Formen (nach 1956 stellte man auch Sequenzen mit 48 und 88 Formen zusammen), von denen jede ihre eigene Bezeichnung trägt. Einige Formen beinhalten auch mehrere Angriffs- bzw. Abwehrbewegungen, sind aber unter einem Namen als Einheit zusammengefaßt.

Bei den Formen handelt es sich nicht – wie häufig falsch behauptet – um vereinfachte Bewegungen, sondern um eine sinnvoll zusammengestellte Auswahl aus ursprünglich langen Sequenzen, die z.T. über 80, manche sogar über 100 Formen beinhalteten, wobei meist über ein Drittel davon aus Wiederholungen bestand. Ein Durchgang der Kurzen Peking-Form dauert im Durchschnitt 5 Minuten.

Wie uns die geschichtliche Entwicklung des Taijiquan gezeigt hat, kam es bei der Entstehung der einzelnen Schulen fortwährend zu Änderungen, Korrekturen und Neuerungen. Vor allem wurden in den letzten Jahrzehnten durch neue Erkenntnisse auf dem Gebiet der Biomechanik die faßbaren Aspekte der Bewegungsabläufe im Taijiquan untersucht und Verbesserungen angebracht.

Durch die Kurze Peking-Form findet der Anfänger einen idealen Einstieg ins Taijiquan. Sie ist besonders geeignet wegen

● ihres sinnvollen Aufbaus in der Formenfolge,
● der Überschaubarkeit der ganzen Sequenz,
● der überlegten Steigerung des Schwierigkeitsgrades,
● der angemessenen Anzahl der Formen und der damit verbundenen zeitlichen Länge der Ausführung.

Kriterien der Bewegungsausführung im Taijiquan

Beim Erlernen neuer Bewegungsfertigkeiten wird der Anfänger häufig mit zu vielen Details konfrontiert. Dies kann schnell zu Unlust und zum Aufgeben führen. Wir beschränken uns deshalb auf wesentliche Bewegungskriterien und fügen dann einen sehr wichtigen Abschnitt an, der sich mit der geistigen Komponente des Taijiquan befaßt. Diese Kriterien sind:
1. langsam,
2. leicht,
3. rund,
4. kontinuierlich,
5. leer und voll unterscheidend,
6. harmonisch.

1. Langsam

Bei der Kurzen Peking-Form werden die Bewegungen während der ganzen

Sequenz *gleichmäßig langsam* (zeitlupenartig) und ruhig vollzogen. Ein Durchgang der 24 Formen sollte zwischen 4 und 6 Minuten dauern. Durch den langsamen Fluß der Bewegung entspannt und beruhigt sich der Körper und überträgt die äußere Ruhe nach innen. Ist der Mensch innerlich ruhig, wirkt diese Ruhe wiederum verstärkend nach außen.

Das langsame Tempo ermöglicht eine vermehrte Konzentration auf den Ablauf im Detail und erleichtert die Antizipationsfähigkeit, d.h. die gedankliche Vorausnahme der Bewegungsabläufe.

2. Leicht

Leicht bedeutet im Taijiquan, einen bewußten Krafteinsatz und unnötige Muskelanspannungen zu vermeiden und sich für eine adäquate Bewegungsökonomie zu sensibilisieren, was wiederum die Bewegungskoordination positiv beeinflußt. »Gut koordinierte Bewegungen sind unter anderem gekennzeichnet durch das Erreichen des Bewegungsziels, ihre Ökonomie und *subjektive Leichtigkeit*« (JONATH 1988, 50).

Die Chinesen vergleichen Leichtigkeit oft mit dem schwerelos erscheinenden Dahinziehen von Wolken.

3. Rund

Alle Bewegungen im Taijiquan sind *rund, kreis-* oder *bogenförmig*. Wie

bereits ausgeführt, geht der Ursprung des Taijiquan auf kampftechnische Formen zurück. Kreisförmige Bewegungen »verbergen vor dem Gegner den Ausgangspunkt und die exakte Zielrichtung der Bewegung. Trifft die Angriffsenergie des Gegners auf den Kreis, so gleitet sie tangential an dem Kreis ab. Folglich ist die Kreisform sowohl zur Täuschung des Gegners als auch für die eigene Abwehr äußerst günstig« (ENGELHARDT 1981, 23).

Ebenso wird die Qualität des Bewegungsflusses durch die Kreisform entscheidend mitbestimmt. »Alle Richtungsänderungen bei einer Bewegung lassen erkennen, ob im räumlichen Verlauf ein optimaler Bewegungsfluß vorhanden ist. Optimal sind Richtungsänderungen in *runder, kurviger Form*. Wo Ecken im Bewegungsverlauf auftreten, liegt ein schlechter Bewegungsfluß vor« (MEINEL 1966, 200).

4. Kontinuierlich

Kontinuierlich steht in unmittelbarem Zusammenhang mit der Forderung nach *runden* Bewegungsabläufen. Alle Bewegungen innerhalb einer Form werden *nahtlos* verbunden, was auch für die Formen untereinander gilt. Nahtlos heißt, daß die einzelnen Bewegungsteile eine flüssige Verbindung eingehen, also ohne Ecken und Unterbrechungen im räumlichen, zeitlichen und dynamischen Ablauf.
»Der optimale Fluß (...) ist durch weitgehende Abstimmung der inneren auf

die äußeren Kräfte gekennzeichnet und stellt die ökonomischste Verlaufsform dar. (…) Der Bewegungsfluß ist Gradmesser der Vollkommenheit der erreichten Koordination« (MEINEL 1966, 206).

5. Leer und voll unterscheidend

Diesen schwierigen Abschnitt versuchen wir vereinfacht darzustellen, ohne daß wir dabei die überlieferten Prinzipien des Taijiquan verfälschen.

Leer und *voll*, synonymisch *neutral* und *gewichtet*, beziehen sich auf das *Wechselspiel* von *Yin- und Yang-Bewegungen*, wobei *Yin das Leere* oder die Neutralität, *Yang das Volle* oder die Gewichtung repräsentiert.

Leer heißt nicht, daß z.B. ein Fuß völlig unbelastet ist; *voll* nicht, daß ein Fuß das ganze Körpergewicht trägt. So ist in der Endphase des Bogenschrittes vorwärts das Belastungsverhältnis des vorderen zum hinteren Bein prozentual ausgedrückt etwa 70:30.

Verallgemeinernd formuliert ist z. B. das Ausstrecken der Arme, d.h. jede expandierende, nach vorn oder oben gerichtete Bewegung Yang; das Zurückziehen der Arme, also jede kontrahierende, nach rückwärts oder nach unten gerichtete Bewegung Yin.

Nach ENGELHARDT unterscheiden wir ein *Wechselspiel* a) der Beine, b) der Hände und c) zwischen Beinen und Händen.

Am Beispiel der Abbildung der Form 4, Seite 52 *(Das Knie schützen)* verdeutlichen wir diese Unterscheidung (vgl. auch Seite 39ff. »Spezielle Taijiquan-Strukturierung«):

zu a) **Beine**
rechtes Bein voll/gewichtet = yang
linkes Bein leer/neutral = yin

zu b) **Hände**
rechte Hand leer/neutral = yin
linke Hand voll/gewichtet = yang

zu c) **Beine und Hände**
linke Hand voll/gewichtet = yang
linkes Bein leer/neutral = yin

linke Hand voll/gewichtet = yang
rechtes Bein voll/gewichtet = yang

rechte Hand leer/neutral = yin
rechtes Bein voll/gewichtet = yang

Aus der dargestellten Unterscheidung zwischen Yin- und Yang-Konstellationen geht ferner hervor, daß niemals zwei Yin- oder zwei Yang-Konstellationen (im Bewegungsablauf wäre hier besser von Phasen zu sprechen) aufeinander folgen können.

Wie unser Taiji-Symbol auf Seite 20 sehr anschaulich darstellt, ist im Moment der größten Ausdehnung des Yang-Anteils bereits der Kern des Yin enthalten. Für den Yin-Anteil gilt das gleiche in bezug auf Yang.
Wie können wir diese beschriebene konstante Abfolge der Yin- und Yang-

Phasen in unser westliches Verständnis einordnen? Durch die Abfolge der Yin- und Yang-Phasen entsteht ein *rhythmisches Wechselspiel*, dessen Pole durch Spannung *(Yang)* und Entspannung *(Yin)* gekennzeichnet sind. Oder anders ausgedrückt: Die genannten Phasen lassen einen spezifischen Bewegungsrhythmus in Erscheinung treten.

Mit MEINEL fassen wir zusammen und versuchen gleichzeitig, den Sinn des Bewegungsrhythmus im Taijiquan aus bewegungstheoretischer Sicht zu erläutern: »Der rhythmische Wechsel von Spannung und Entspannung bedeutet – grob genommen – einen ständigen Wechsel von Arbeit und Erholung, ein Ausgeben und Wiederaufladen von Energie[*] . Ohne diesen Wechsel würde der Organismus sehr rasch ermüden und schließlich völlig bewegungsunfähig werden« (1966,172).

6. Harmonisch

Eine Bewegungsausführung ist dann *harmonisch*, wenn sie zweckmäßig, optimal und ökonomisch ist. Für Taijiquan heißt das, daß die einzelnen Bewegungsvorgänge so aufeinander bezogen und abgestimmt werden müssen, daß sie die *Gesamtbewegung als Einheit* erscheinen lassen (vgl. JONATH 1988, 48). Das erfordert eine optimale Koordination der Rumpfbewegungen mit den Bewegungen der Extremitäten.

»In der Übereinstimmung von Inhalt und Form, in der Konsonanz von vorgestellter, intendierter, gefühlter und erlebter Bewegung mit der realen Bewegungsausführung erweist sich der Grad der erzielten Harmonie« (RÖTHIG/GRÖSSING 1982, 132). Um aber einen hohen Grad der Harmonie zu erreichen, bedarf es nicht nur der im physischen Bereich liegenden Voraussetzungen, sondern auch einer aus dem Innern des Menschen kommenden seelisch-geistigen Einstellung und Bereitschaft, in das Wesen des Taijiquan vorzudringen. Und was ist das Wesen?

»Auf jeden Fall: die Bewahrung der (eigenen) Mitte – mit allem, was man in dieses Wort legen kann: das Verweilen im eigenen Schwerpunkt (körperlich, intellektuell, seelisch), die Bewahrung, Verteidigung, Bewußtmachung des eigenen Schwerpunkts« (PORKERT in: ENGELHARDT, 1981, 9).

Ein Wort zur Atmung

Die richtige Atmung beim Taijiquan, d.h. zum richtigen Moment ein- oder auszuatmen, spielt eine wichtige Rolle und darf nicht vernachlässigt werden.

Der Anfänger im Taijiquan muß sich aber bei seiner ersten Begegnung mit der ihm unbekannten Formenvielfalt,

---

[*] Im traditionellen Denken der Chinesen gibt der Mensch ständig Qi (Energie) nach außen ab und nimmt es aus dem Kosmos wieder in sich auf. (s. auch Seite 22)

den Bewegungskriterien und vielen anderen neuen Anforderungen beschäftigen, so daß eine zusätzliche Konzentration auf die Atmung eher hinderlich, vielleicht sogar schädlich wäre. Deshalb empfehlen die Taijiquan-Lehrer in China, anfangs beim ersten Einstudieren der Formen nicht bewußt auf die Atmung zu achten, sondern ganz natürlich nach individuellem Bedarf zu atmen.

Später, nach dem Erlernen der Grobform, sollte sich der Übende bemühen, aus der Tiefe zu atmen, d.h. mit dem Bauch oder dem Zwerchfell. Als Grundmuster des Ein- und Austamens gilt grob formuliert:

● beim Zurückziehen – einatmen
● beim Vorgehen – ausatmen
● beim Hochgehen – einatmen
● beim Tiefgehen – ausatmen

Der Anfänger behalte dieses Grundmuster im Hinterkopf und schenke zunächst seine volle Aufmerksamkeit ganz dem Erlernen der einzelnen Formen.

Der geistige Aspekt des Taijiquan

Zhang Sanfeng, Wang Zongye, Wu Yuxiang, Yang Chengfu – die Autoren der sog. *Klassischen Schriften* – betonen in ihren Lehrsätzen zum Taijiquan immer wieder den Führungsanspruch des Geistes über den Körper:

● Erst kommt der Geist, dann der Körper.
● Es ist der Geist, nicht die Muskelkraft, einzusetzen.
● Die ganze Aufmerksamkeit ist auf den Geist und nicht auf den Atem zu richten.
● Man muß Stille in der Bewegung suchen.

Diese Lehrsätze betonen nichts anderes als die *volle Konzentration auf die Übung,* d.h. die aktive Hinwendung der Aufmerksamkeit auf die Bewegungsteile, auf die optimale Ausführung der Formen und somit auf die ganze Sequenz.

Um es modern zu interpretieren, fordern die alten Meister des Taijiquan zu Beginn der Ausführung eine *konzentrative* Grundhaltung des Übenden, d.h. »*die selbsttätige entspannte Zuwendung zu einem Vorgang*« (nach STOLZE in: HOFFMANN 1982, 31). Für die Praxis heißt dies, zu Beginn verweile der Übende in aufrechter Haltung einige Augenblicke in Ruhe und konzentriere sich auf die Entspannung der Muskulatur vom Gesicht über Nacken und Schultern, Arme, Hüften und Beine, bis ihn ein angenehmes Schweregefühl überkommt. Er bemühe sich, ihn umgebende Geräusche, Alltagsgedanken und Emotionen einerseits als existent und ohne inneren Widerstand zu akzeptieren, andererseits seine Aufmerksamkeit, den Geist auf die bevorstehenden Bewegungsausführungen hinzulenken.

Taijiquan als Fitness-Programm

»Die Basis des Taiji-Faustkampfes bildet die Bewegung der Imagination. Hier hebt sich der Taiji-Faustkampf deutlich von den im Westen gebräuchlichen Übungen zur Körperertüchtigung ab, denn jede Bewegung wird durch die bewußte Vorstellungskraft geführt (...)« (ENGELHARDT 1981, 93).

Die Führung jeder Bewegung durch die bewußte Vorstellungskraft gehört sicher zu den wichtigsten Prinzipien des Taijiquan und ist für den Anfänger zunächst nicht leicht zu realisieren. Allerdings können wir der Behauptung von ENGELHARDT – deren ausgezeichnetes und fundiertes Buch über »Theorie und Technik des Taijiquan« wir wärmstens empfehlen – nur teilweise zustimmen, Taijiquan hebe sich in diesem Punkt (Imagination) von westlichen Übungen ab. Auch in der modernen Bewegungslehre kennt man die Zusammenhänge zwischen *bewußter Vorstellungskraft* und *Bewegungsführung* sehr genau; man denke nur an den gesamten Komplex des *mentalen Trainings*. Nur ist die Terminologie eine andere:

»Den geistigen Bereich der Vorstellungs- und Vorausnahmefähigkeiten von Bewegungen nennt man auch *Bewegungsprogrammierung* oder Entstehung von *Bewegungsentwürfen*. Im Gehirn entsteht bei entsprechendem Bewegungskönnen vor und während einer Bewegungsausführung eben ein ›geistiges Programm‹, aufgrund dessen eine Bewegung gesteuert und reguliert werden kann« (GROSSER u.a., 1987, 177). In der Praxis ist darauf zu achten, daß der *Blick* stets mit der Führungshand zum *Ziel* geht, d.h. mit der Hand, die den *Schlag, Druck* oder *Zug* ausführt. Erinnern wir uns: Der Geist lenkt die Bewegung – und die Augen sind die Fenster des Geistes! Natürlich ist der Blick nicht scharf auf die Führungshand fokussiert, sondern erfaßt das ganze Umfeld.

Die menschliche Bewegung

Allgemeine Strukturierung sportlicher Bewegungen

In diesem Kapitel gehen wir auf allgemeine Gesetzmäßigkeiten ein, die allen menschlichen Bewegungen zugrunde liegen und mit denen insbesondere sportliche Bewegungen strukturiert und beschrieben werden können. Von hier aus werden die z.T. schwierigen Taijiquan-Bewegungen einsichtiger.

Alle sportlichen Bewegungen*) lassen sich nach folgenden Gesichtspunkten betrachten:

● Hinsichtlich der sog. **raum-zeitlichen Grundstruktur**; hierunter versteht man die Aufgliederung der Bewegung in einzelne Phasen, die entsprechend der Aufgabenstellung innerhalb des Gesamtablaufs unterschiedliche Funktionen erfüllen und miteinander verknüpft sind;

● hinsichtlich der **funktionell-anatomischen Bedingungen**, d.h. hier interes-

sieren die Fragen, welche Muskelgruppen in welcher Position einer Bewegung und mit welchen Muskelkontraktionsformen beteiligt sind;

● hinsichtlich des **dynamischen Ablaufs**; das bedeutet die Beschreibung der Bewegung bezüglich der Krafteinsätze, der Impulsübertragungen von einem Körperteil auf den anderen und den Abstimmungen innerer und äußerer Kräfte (die Erkenntnisse werden mittels biomechanischer Meßverfahren erreicht), und nicht zuletzt

● hinsichtlich der inneren **Steuerungs- und Regelungsprozesse**, die mittels informations- und handlungstheoretischer Erkenntnisse beschrieben werden können.

Im folgenden gehen wir zunächst an bekannten sportlichen Bewegungen in vereinfachter Form auf einige Aspekte der soeben genannten Betrachtungsweisen näher ein, um dann eine Übertragung auf Taijiquan-Bewegungen besser verstehen zu können.

Betrachten wir die Reihenbilder des Handball- und des Golfspielers, so kann bei beiden folgende Gliederung (Strukturierung) des **raum-zeitlichen Ablaufes** festgestellt werden:

1. Beide beginnen die Bewegung mit einer in die entgegengesetzte Richtung verlaufenden **Ausholphase** (man spricht hier auch von Vorbereitungsphase), auf die

---

*) Nähere Ausführungen hierzu finden sich in den BLV-Bänden: GROSSER et al.: Die sportliche Bewegung; GROSSER/NEUMAIER: Techniktraining.

35

Die menschliche Bewegung

2. die sog. **Hauptphase** folgt, in der der eigentliche Abwurf (beim Handballer) bzw. Schlag (beim Golfer) erfolgt, und anschließend erkennt man

3. eine sog. **Endphase** (sie beginnt in unserem Beispiel, nachdem die Bälle die Hand bzw. den Schläger verlassen haben), die quasi einen Bewegungsausklang und ein erneutes Gleichgewicht des Sportlers darstellt.

Die Anordnung dieser Phasen sog. azyklischer Bewegungen (= einmalige Bewegungen wie Wurf, Schlag, Taijiquan-Bewegungen) erfolgt stets in dieser Reihenfolge und ist nicht umkehrbar.

Die Phasen (die auf Seite 38 zusammenfassend charakterisiert sind) stehen in einer sehr engen funktionalen Beziehung und gehen in ihrem **dynamischen Verlauf** nahtlos und rhythmisch ineinan-

Die Phasen des raum-zeitlichen Ablaufes (nach MEINEL/SCHNABEL 1976) am Beispiel eines Handballwurfes (oben) und eines Golfschwunges (unten).

der über; sie müssen dies geradezu, sonst wären entscheidende Kraftmomente für die Effektivität der Gesamtbewegung vergebens. Hierzu seien weitere Einzelheiten angeführt:

Zu den funktionalen Beziehungen
(s. Abb. Seite 38)

● Jede folgende Phase ist abhängig vom Resultat der vorhergehenden (= Ergebnisbeziehung).

● Bereits bei der »geistigen Programmierung« wird die Ausholphase in allen Zügen der Hauptphase untergeordnet und die Hauptphase wiederum von der Endphase beeinflußt (= Zweckbeziehung).

● Als Folge der Hauptphase ergibt sich immer eine Endphase (= Kausalbeziehung); hingegen muß auf eine Ausholphase nicht unbedingt eine Hauptphase folgen (erstere kann vorher abgebrochen werden).

Zum dynamischen Verlauf

● Die Aushol- und Hauptphase müssen als enge Einheit in bezug auf die Kraftentfaltung der Bewegung gesehen werden, denn das Abbremsen am Ende der Ausholphase (Umkehrpunkt) muß direkt in die Anfangsbeschleunigung der Hauptphase übergehen; hier darf in der praktischen Ausführung – entsprechend der notwendigen Geschwindigkeit der Bewegung – folglich keine Zäsur gesetzt werden. Diese »Nahtstelle« (Umkehrpunkt) ist nahezu der entscheidendste Teil aller sportlichen Bewegungen.

● Wichtig ist hierbei die Kenntnis über die einzusetzende Muskulatur bzw. über die zur optimalen Realisierung der »Nahtstelle« notwendige Kraft; außerdem das Wissen über das Verwirklichen-Können der Koordination von Teilbewegungen (Impulsübertragungen bzw. Bewegungskopplungen). D.h. aufgrund funktionell-anatomischer, muskel-

Die menschliche Bewegung

Aushol- bzw. Vorbereitungsphase (V)	Hauptphase (H)	Endphase (E)
1. Zweck der V ist das Schaffen einer optimalen Ausgangslage für die H, d.h.	1. Zweck ist die eigentliche Bewegungslösung unter	1. Zweck ist das aktive Abbremsen der Bewegung und die Wiedererlangung des statischen oder dynamischen Gleichgewichts;
2.Herstellung günstigster Muskelarbeitswege, Muskelarbeitsweisen, Gelenkwinkelverhältnisse und günstiger Körperschwerpunktlagen.	2. optimaler Ausnutzung innerer und äußerer Kräfte und optimaler Koordination der Teilimpulse.	2. außerdem Schaffung einer günstigen Körperschwerpunktlage und günstige Vorspannung der Arbeitsmuskulatur für unmittelbar anschließende weitere azyklische Bewegungen (vgl. Ausführung zur *Bewegungskombination*).
3. Am Ende der V geschieht ein Abbremsen der Bewegung, das zu einer höheren (exzentrischen) Spannung in der Muskulatur führt, die wiederum nach dem Moment der Bewegungsumkehr in die Anfangsbeschleunigung der H eingebracht wird.	3. Die H beginnt theoretisch mit der Impulsgebung an das Bewegungsobjekt, das heißt für unsere Beispiele: *Handball*: aus der Bogenspannung des Rumpfes an den Wurfarm und Ball; *Golfschwung*: aus der Verwringungsspannung des rechten Beines, des Rumpfes und der Schultern über die Bogenspannung des gesamten Körpers in die Arme und Schläger.	
4. Die V kann aus mehreren Teilen bestehen, z.B. Anlauf-, Angleit- oder Anschwungbewegungen (die in Richtung der H verlaufen), der letzte Teil verläuft jedoch stets in Gegenrichtung zur H; siehe Beispiele: *Handball*: Rückführen des Wurfarms, *Golfschwung*: Rückführen des Schlägers und Stemmen des rechten Beines gegen den Boden.		Die drei Phasen sportlicher Bewegungen und ihre Beziehungen (nach MEINEL/SCHNABEL 1976, 109).

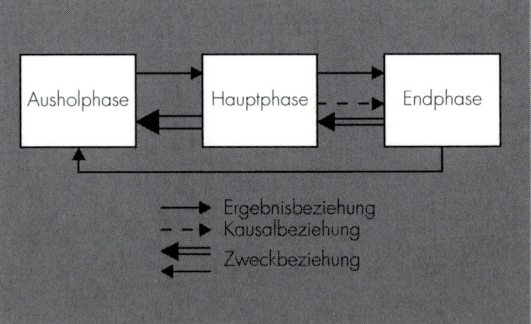

physiologischer und biomechanischer Gesetzmäßigkeiten wirkt sich jede Veränderung in der Bewegung eines Körpergliedes auf die angrenzenden Körperteile aus. Jede sportliche Bewegung erfaßt stets den gesamten Bewegungsapparat, selbst wenn es sich nur um eine muskelmäßige Fixierung von nicht beteiligten Glieder- und Gelenkbereichen handelt. Diese sog. Bewegungskopplung bezieht sich auf Teilbereiche des menschlichen Körpers wie Beine, Rumpf, Arme und den Kopf – ohne jedoch in die falsche Annahme zu verfallen, eine Bewegung bestehe aus der Summe dieser Teile; eine Bewegung ist immer ein einheitliches Ganzes!

Zur Kombination mehrerer azyklischer Bewegungen

● Werden mehrere azyklische Bewegungen hintereinander durchgeführt (z.B. beim Turnen, Taijiquan), kommt es ähnlich wie bei zyklischen Bewegungen (z.B. Laufen, Radfahren, Schwimmen) zu einer sog. Phasenverschmelzung, und zwar zwischen der Endphase der vorhergehenden und der Vorbereitungsphase der nachfolgenden Bewegung. Man spricht hier von einer *Bewegungskombination.*

● Bei diesen Bewegungskombinationen sind ebenfalls von großer Bedeutung: der zeitlich richtige Muskeleinsatz und die optimalen Kraftabstimmungen, die Koordination von Teilbewegungen (Bewegungskopplung) und insbesondere auch das Bewegungsgefühl (Kinästhesie).

Am Beispiel von Taijiquan-Bewegungen gehen wir näher darauf ein.

Spezielle Strukturierung von Taijiquan-Bewegungen

Übertragen wir nun die soeben beschriebenen (ausgewählten) allgemeinen Bewegungsgesetzmäßigkeiten auf Taijiquan-Bewegungen, so erkennen wir anhand der genannten Beispiele nachstehende Gegebenheiten:

Einzelbewegung aus Form 4

Die Form »Das Knie schützen« besteht aus drei azyklischen Bewegungen, die spiegelbildlich identisch sind und hintereinander ablaufen. Die Bilder 1 – 7 der Seiten 40/41 stellen eine dieser drei in der Gesamtform 4 vorkommenden azyklischen Bewegungen dar. **Bild 1** zeigt die Endphase der ersten Ausführung nach rechts (bezogen auf die rechte Hand) und gleichzeitig den Beginn der Ausholphase für die spiegelbildliche Wiederholung nach links (= eine azyklische Bewegung).

Die **Ausholphase** selbst verläuft zunächst in Gegenrichtung zur Hauptphase bis zur vollen Belastung des rechten Beines (= erster Teil der Ausholphase; Bild 2), damit von hier aus der

1   2   3

Form 4: »Das Knie schützen.«

Körperschwerpunkt fließend über das linke Bein gebracht werden kann (s. Bild 3 und 4).

Am Ende dieser Schwerpunktverlagerung erfährt das linke Bein aufgrund des Druckes gegen den Boden eine erhöhte Muskelanspannung, die im Moment der tiefsten Beugung des linken Beines (= Umkehrpunkt von Ausholzu Hauptphase) aufgelöst wird in den Beginn der **Hauptphase**, die in den Bildern 5 – 7 dargestellt ist. Diese Hauptphase entspricht im Sinne der Anwendung als Kampftechnik einem simultanen Vorgang von Abwehr mit der rechten Hand und »Vorstoßen« mit der linken.
Mit der Position in **Bild 7** ist die **Endphase** der Bewegungsausführung nach links erreicht.

Insgesamt ergeben die wechselseitigen Belastungen von linkem und rechtem Bein in der Gesamtausführung eine optimale Ausnutzung innerer und äußerer Kräfte und eine optimale Koordination von Teilimpulsen, d.h. insbesondere eine Übertragung der Bewegungsimpulse von den Beinen über die Rumpfmuskulatur in die Schultern und Arme. In einer der knapp gehaltenen »Klassischen Schriften«, zugeschrieben dem legendären Begründer des Taijiquan, Chan Sanfeng und überliefert von Yang Luchan (1799–1872), wird unsere theoretische Strukturierung bereits vor Jahrhunderten wie folgt dargestellt:
»Die (innere) Energie wurzelt in den Füßen, strömt in die Beine, wird über die Hüften weiterdirigiert und wirkt schließlich durch die Finger.
Füße, Beine und Hüften müssen als ein einheitliches Ganzes aufgefaßt und bewegt werden.

4   5   6   7

Bewegt man sich auf diese Weise, kann man zum richtigen Zeitpunkt angreifen oder ausweichen und dafür die geeignetste Position einnehmen.«
»Will man eine Bewegung nach oben ausführen, muß man nach unten ausholen, so wie jemand, der ein Bäumchen herausreißen möchte: Zuerst drückt er nach unten, um die Wurzeln zu lockern. Dann läßt sich das Bäumchen mühelos herausziehen« (in: JOU 1983, 177 f.)

Bewegungskombination von zwei spiegelbildlichen Ausführungen innerhalb der Form 4

Unter Bewegungskombination versteht man die rhythmisch-fließende Aneinanderreihung von azyklischen Bewegungen (s. Seite 39).
In der Position von Bild 7 (= Endphase der Ausführung nach links) sind gleichzeitig eine günstige Körperschwerpunktverteilung sowie eine günstige Vorspannung der Arbeitsmuskulatur durch das Beugen des rechten Beines für die anschließende Ausführung nach rechts gegeben. Dieses dynamische Tiefgehen (Druck in den Boden = Gegenrichtung zur folgenden Hauptphase) kommt einer aktiven Ausholbewegung gleich. Somit verschmilzt in dieser Position die Endphase der vorhergehenden azyklischen Bewegung (= Bewegungsausführung nach links innerhalb der Form 4) mit der Ausholphase der folgenden (= Bewegungsausführung nach rechts).

Moderne Bewegungslehre und traditionelle chinesische Denkweise

Im folgenden wollen wir noch verdeutlichen, daß sich unsere bewegungstheoretische Analyse durchaus mit chinesischem Denken vereinbart. Am Beispiel der Jagd (nach PORKERT) untersuchen wir die einzelnen Phasen und ordnen sie anschließend ein, wobei wir Bewegungsvorgänge in den Gesamtzusammenhang menschlichen Handelns eingebettet sehen.

»Nach chinesischer Auffassung kommt der Jagd – wie allem Handeln – ein aktiver und ein struktiver Aspekt zu, man kann unterscheiden zwischen einer Yang-Phase und einer Yin-Phase. Das Yang der Jagd beginnt mit dem Aufspüren des Hirsches und erreicht seinen Höhepunkt mit dem Schuß des Jägers. Wenn der Pfeil der Armbrust (…) das Ziel erreicht hat und in das Herz des Tieres eindringt, geht die aktive Phase – in diesem Fall ziemlich schnell – in den struktiven (Yin)-Abschnitt der Jagd über. Der Hirsch verblutet und ist schließlich tot; es beginnt die Phase der Struktivität, die zu neuen Möglichkeiten anregt, zu neuen Aktivitäten Anlaß gibt. (…)

Jede der auf diese Weise abgegrenzten Phasen kann man erneut nach Yin und Yang bewerten und wird auf diese Weise etwa die Vorbereitung der Waffe zum Schuß, also das Spannen der Armbrust und das Einlegen des Pfeils, als Yang im Yin qualifizieren, hingegen die Zeitspanne von der Auslösung des Schusses bis zum Auftreffen des Pfeils in seinem Ziel als mächtiges Yang; das Eindringen des Pfeils in das Herz des Hirsches, bei dem die aktive Energie absorbiert wird, kann man als Yin im Yang ansehen und den tot daliegenden Hirsch als mächtiges Yin« (PORKERT 1986, 79).

PHASENEINTEILUNG	HAUPTFUNKTION	BEISPIEL DER JAGD (nach PORKERT)
Vorbereitungsphase *YANG im YIN*	Schaffung optimaler Voraussetzungen für die Ausführung der Hauptphase	1. Aufspüren des Hirsches 2. Auflegen des Pfeils 3. Spannen des Bogens
Hauptphase *MÄCHTIGES YANG*	Lösung der Aufgabe	1. Lösen des Pfeils 2. Auftreffen des Pfeils
Endphase *YIN im YANG* *MÄCHTIGES YIN*	Herstellung eines statischen Endzustands oder eines dynamischen Durchgangsstadiums	1. Geschoß dringt in das Herz des Tieres ein 2. Tod des Tieres

Die Praxis des Taijiquan – Lernen und Übungsgestaltung

Voraussetzungen zum Lernen und Üben

Die Voraussetzungen sind im allgemeinen für jedermann gegeben:

● Taijiquan kann ohne Altersbegrenzung und ohne besondere konstitutionelle und konditionelle Vorgaben betrieben werden.

● Die räumlichen Bedingungen sind minimal. Es genügt eine Bewegungsbahn von ca. 4 m Länge und 1,5 m Breite. Will man zu Hause üben und ist räumlich eingeengt, muß nicht die ganze Sequenz absolviert werden; es genügt die Wahl einiger weniger Formen. Nach Möglichkeit sollte jedoch im Freien geübt werden.

● Der zeitliche Aufwand zum Lernen und Üben ist von zahlreichen persönlichen Faktoren abhängig. Optimal wäre es, täglich zweimal 20–30 Minuten zu üben, kurz nach dem Aufstehen und etwa eine halbe Stunde vor dem Schlafengehen. Nur sporadisches Üben zeitigt nicht den gewünschten Erfolg.

● Die Bekleidung sei einfach. Es genügen leichte, weiche Turnschuhe und lockere, nicht beengende Sportbekleidung.

Wir empfehlen, in drei Stufen vorzugehen:

1. Theoretische Vorbereitung und praktischer Einstieg.
2. Erlernen der einzelnen Formen.
3. Üben der ganzen Sequenz.

Theoretische Vorbereitung und praktischer Einstieg

1. Lesen Sie vor dem ersten Schritt den theoretischen Teil des Buches, Seite 10–42.
Theoretisches Grundwissen ist für das Verständnis der Praxis unumgänglich.

2. Studieren Sie als nächstes die wichtigsten *Handformen,* Kriterien der *Körperhaltung* und *Schrittstellungen.*

3. Bauen Sie dann die *Hinführenden Übungen* aufeinander auf:
a) Schrittübungen,
b) Schrittkombinationen,
c) Schrittübungen mit ganzen Formen (4/6/10).

4. Wärmen Sie sich vor jedem Üben auf. Gehen Sie systematisch vor und absolvieren Sie der Reihe nach die gymnastischen Übungen im Kapitel *Aufwärmen.* Machen Sie diese Übungen zum festen Bestandteil jeder Übungsstunde.

Aufwärmen

Bevor Sie mit dem Taijiquan beginnen, sollten Sie Ihren Körper entsprechend darauf einstimmen und ihn aufwärmen. Das Aufwärmen sollte mindestens 5 Minuten dauern.

Vor Beginn des Aufwärmprogramms laufen Sie sich 1 Minute warm oder hüpfen beidbeinig abwechselnd auf der Stelle, seitwärts, vor und zurück.
Dann fahren Sie mit folgendem Programm fort:

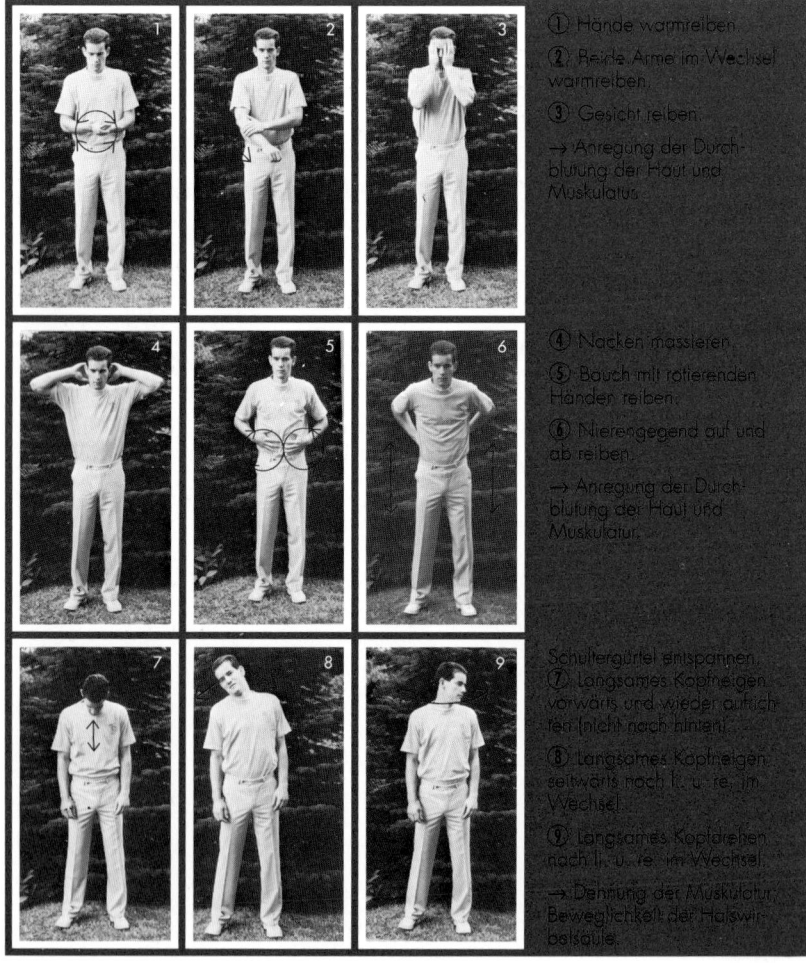

① Hände warmreiben.
② Beide Arme im Wechsel warmreiben.
③ Gesicht reiben.
→ Anregung der Durchblutung der Haut und Muskulatur.

④ Nacken massieren.
⑤ Bauch mit rotierenden Händen reiben;
⑥ Nierengegend auf und ab reiben.
→ Anregung der Durchblutung der Haut und Muskulatur.

Schultergürtel entspannen.
⑦ Langsames Kopfneigen vorwärts und wieder aufrichten (nicht nach hinten).
⑧ Langsames Kopfneigen seitwärts nach li. u. re. im Wechsel.
⑨ Langsames Kopfdrehen nach li. u. re. im Wechsel.
→ Dehnung der Muskulatur, Beweglichkeit der Halswirbelsäule.

⑩ Schulterkreisen vorwärts und rückwärts.
→ Aufwärmen der Schultermuskulatur.

⑪ Hände im Nacken verschränkt, Knie leicht beugen, Rumpfdrehen nach links und rechts.
→ Beweglichkeit des Rumpfes.

⑫ Kopf ruhig halten, leicht in die Knie gehen, Beckenkreisen.
→ Beweglichkeit der Hüfte.

⑬a + ⑬b Kniekreisen in der Hocke.
→ Beweglichkeit der Knie.

⑭ Fußsohle ganz auf dem Boden lassen, Arme und Schultern locker, Knie beugen, nach vorn schieben, federn.
→ Lockerung der gesamten Muskulatur, Schwingungen gehen durch die gesamte Wirbelsäule.

⑮ Aus dem Seitgrätschstand Beugen eines Knies.
→ Dehnung der Innenmuskeln an Oberschenkel und Hüfte.

⑯ Ausfallschritt, Körpergewicht nach vorn verlagern.
→ Dehnung der Hüftgelenkbeuger.

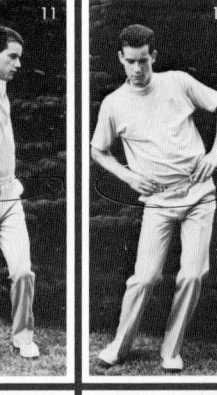

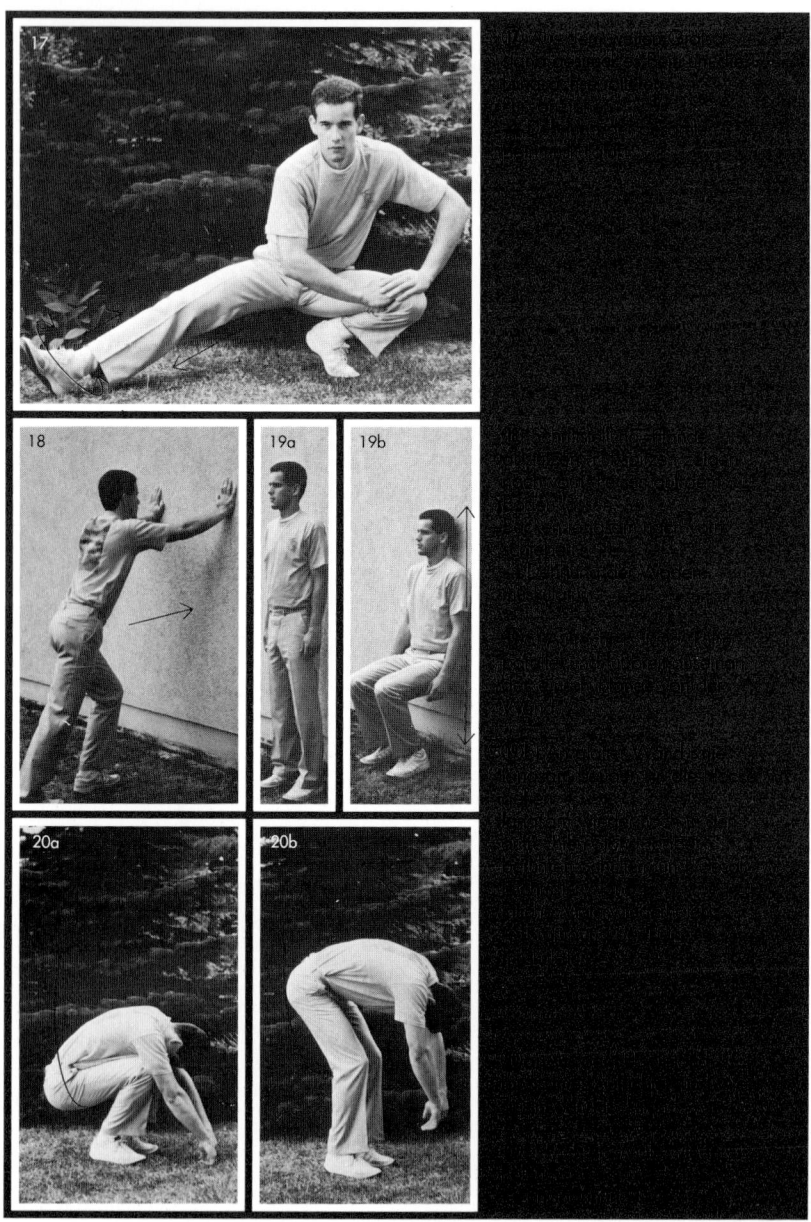

Über siebzigjährige Chinesin beim Aufwärmen.

Hinführende Übungen

Die wichtigsten Handformen

Da die Taijiquan-Bewegungsabläufe für uns recht ungewohnte Körperhaltungen aufweisen, gilt es, diese Formen einmal genau zu betrachten und sie auch zu üben. Hat man die Haltungen und Bewegungen gelernt, sollten sie letztlich »fließend« von »innen« heraus »geschehen«.

Auf der gegenüberliegenden Seite sind links die Handformen abgebildet, rechts daneben Beispiele aus einem entsprechenden Bewegungsmuster.

Die Taiji-Hand

Die Finger liegen *offen* und *entspannt* nebeneinander. Im Handgelenk locker bleiben.

Form 15: »Stoß mit der linken Ferse«.

Die Taiji-Faust

Die Hand ist *locker* zur Faust geballt. Finger nicht aneinanderpressen.

Form 14: »Mit beiden Fäusten die Ohren des Gegners treffen«.

Die Taiji-Hakenhand

Der Daumen wird von den vier aneinanderliegenden Fingern berührt. Hakenhand *entspannt hängen lassen*.

Form 17: »Die gehockte Peitsche – rechts«.

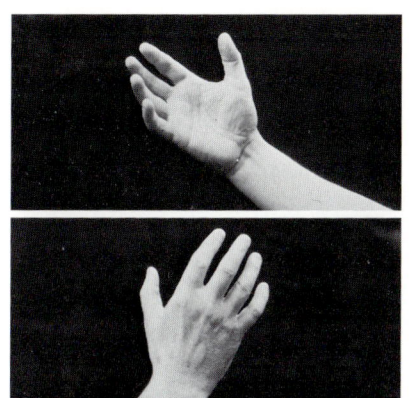

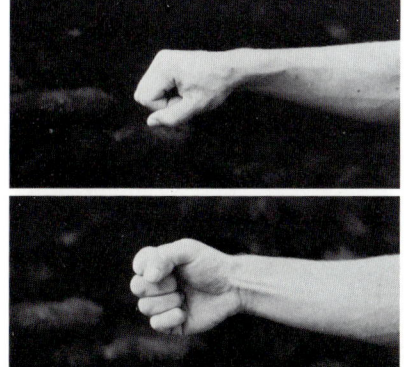

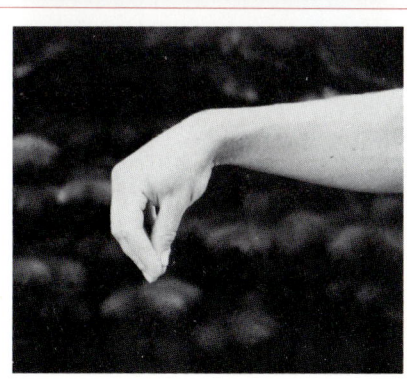

49

Wichtige Kriterien der Körperhaltung

Schultern hängen lassen, entspannen

Nacken und Hals gerade halten

Gesicht/Kiefer entspannen

Rumpf/Rücken geradehalten

... leicht ... biegen

Hüfte entspannen

Hände entspannen

Arme sanft runden

Gesäß leicht einziehen

Brust leicht zurücknehmen

Hinteres Bein natürlich strecken

Knie beugen, nicht über die Fußspitze hinaus

li. Fuß ca. 30% Gewichtung

re. Fuß ca. 70 % Gewichtung

Fußsohlen ganz am Boden lassen, den Boden "spüren"

Beispiel Form 2: »Die Mähne des Pferdes teilen«

Schrittstellungen

Mit den folgenden Bildern und Grafiken von ausgewählten Schrittstellungen werden Schrittformen, Schrittlängen, die wechselseitige Belastung der Füße, deren Abstände zueinander und deren Winkelverhältnisse in bezug auf die Bewegungsrichtung dargestellt.
Wir empfehlen, diese Schrittstellungen immer wieder zu studieren und Standübungen zu machen.

Zeichenerklärung / Abkürzungen

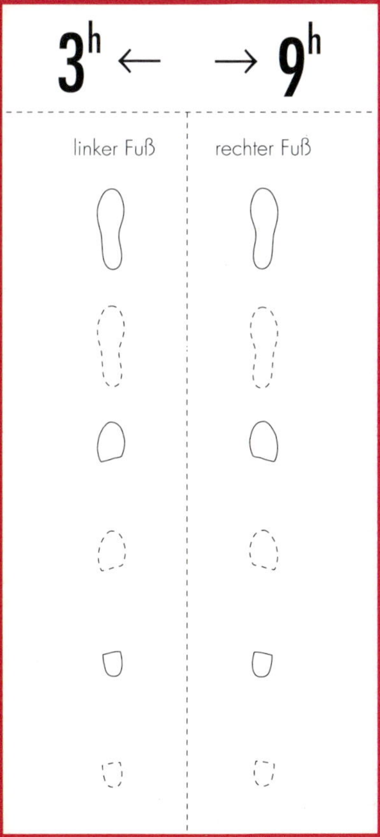

3^h ← → 9^h

linker Fuß | rechter Fuß

Bewegungsbahn – Bewegungsrichtung (s. auch »Zur Bewegungsorientierung«, Seite 76).

links = l. / rechts = r.
vorwärts = vw. / rückwärts = rw.
Fußlänge = Fl. / Fußbreite = Fb.

Ganze Fußsohle hat Bodenberührung.

Vorhergehende oder vorausgenommene Bodenberührung des ganzen Fußes.

Nur die Zehen oder der Ballen haben Bodenberührung.

Vorhergehende oder vorausgenommene Bodenberührung der Zehen oder Ballen.

Nur die Ferse/der Fersenrand hat Bodenberührung.

Vorhergehende oder vorausgenommene Bodenberührung der Ferse/des Fersenrandes.

Der Bogenschritt vorwärts

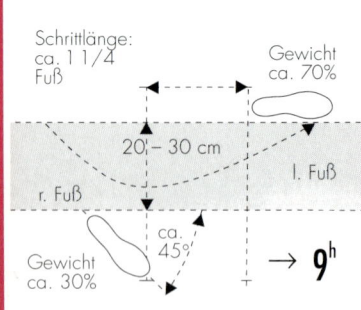

Schrittlänge:
ca. 1 1/4
Fuß

Gewicht
ca. 70%

20 – 30 cm

l. Fuß

r. Fuß

ca.
45°

→ **9**ʰ

Gewicht
ca. 30%

Bogenschritt nach links.
Form 2: »Die Mähne des Pferdes teilen«

Gewicht
ca. 30%

l. Fuß

Gewicht
ca. 70%

r. Fuß → **9**ʰ

Bogenschritt nach rechts.
Form 4: »Das Knie schützen«

Der Bogenschritt rückwärts

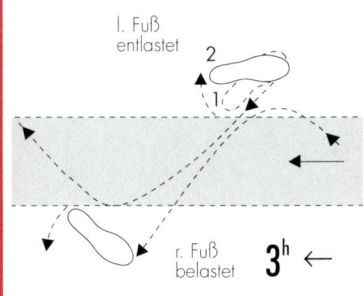

l. Fuß
entlastet

2

1

r. Fuß
belastet

3^h ←

Form 6: »Den Affen abwehren«
(Bildfolge von rechts nach links)

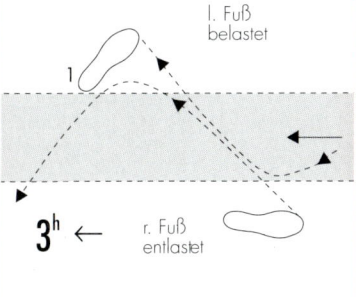

l. Fuß
belastet

1

3^h ←

r. Fuß
entlastet

Der Seitwärtsschritt

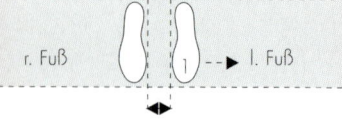

r. Fuß — 1 --▶ l. Fuß

◀▶
Abstand 1 Fußbreit

Form 10: »Die Hände wie Wolken
bewegen«

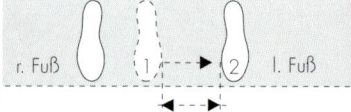

r. Fuß — 1 --▶ 2 — l. Fuß

◀---▶
Abstand 2 Fußbreit   → **9**^h
Ganze Schrittbreite: 4 Fußbreit

Der leere Schritt

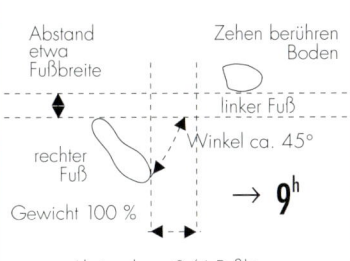

Abstand etwa Fußbreite

Zehen berühren Boden

linker Fuß

rechter Fuß

Winkel ca. 45°

→ 9ʰ

Gewicht 100 %

Abstand ca. 3/4 Fußlänge

Form 3: »Der Kranich breitet die Flügel aus«

Fersen fast auf gleicher Höhe

Ferse berührt Boden

rechter Fuß

linker Fuß

Winkel ca. 45°

→ 9ʰ

Gewicht 100 %

Abstand ca. 1 1/4 Fußlänge

Form 5: »Die Harfe spielen«

Der Gleitschritt

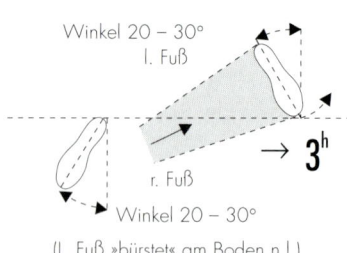

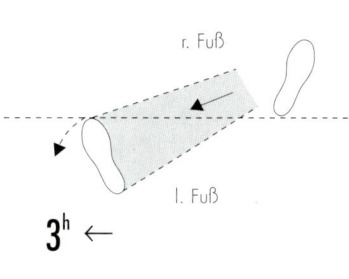

Winkel 20 – 30°
l. Fuß

r. Fuß

→ **3**ʰ

r. Fuß

Winkel 20 – 30°

(L. Fuß »bürstet« am Boden n.l.)

Form 16: »Gehockte Peitsche nach links«.
Sicht von vorn (Bild).

l. Fuß

3ʰ ←

Sicht von hinten.

Die Stellung auf einem Bein

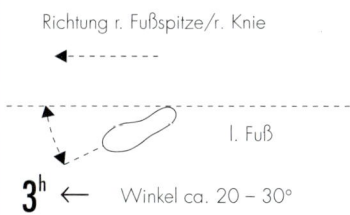

Richtung r. Fußspitze/r. Knie

l. Fuß

3ʰ ← Winkel ca. 20 – 30°

Form 16: Teilform der »Gehockten Peitsche nach links« (Hahn steht auf einem Bein).

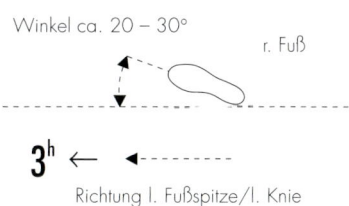

Winkel ca. 20 – 30°

r. Fuß

3ʰ ←

Richtung l. Fußspitze/l. Knie

Form 17: Teilform der »Gehockten Peitsche nach rechts« (Hahn steht auf einem Bein).

Schrittübungen

Mit den Schrittübungen werden erste spezifische Bewegungserfahrungen mit Taijiquan gemacht. Das Hauptaugenmerk ist dabei auf den ständigen Belastungswechsel zu richten. Es muß immer wieder geprüft werden, ob die entsprechenden Abstände und Winkelverhältnisse stimmen

Übung des Bogenschrittes vorwärts

Vor Beginn Schultergürtel entspannen, Hände an den Hüften einstützen, Rumpf und Blick in Bewegungsrichtung.

a) Rechter Fuß steht im Winkel von ca. 45° zur Bewegungsrichtung und wird voll belastet. Der linke Fuß ist beigezogen und berührt – nur in dieser Ausgangsposition – mit den Zehen leicht den Boden. Vor dem ersten Schritt rechtes Bein beugen, so daß Knie und Fußspitze ungefähr auf einer Senkrechten liegen. Diese gebeugte Kniehaltung – links und rechts – wird während der ganzen Übung beibehalten.

b) Verbunden mit einer leichten Rumpfdrehung nach links einen halben Bogenschritt nach links führen und mit der *Ferse zuerst* aufsetzen ①. Langsam auf der ganzen Sohle abrollen, linkes Knie vorschieben und damit den linken Fuß belasten. Mit dem Vorschieben des linken Knies rechtes Bein strecken, aber nicht durchstrecken. Belastungsverhältnis: vorn ca. 70%, hinten ca. 30%

(vgl. »Bogenschrittstellung vorwärts« – Form 2, Seite 52).

c) Gewicht zurückverlagern auf das rechte Bein, linken entlasteten Fuß auf der Ferse um ca. 45° nach außen drehen ②. Langsam abrollen und ganzes Gewicht auf den linken Fuß.

d) Hinteres Bein ohne Bodenberührung beiziehen ③.

e) Ohne anzuhalten weiter einen halben Bogenschritt nach rechts, mit der Ferse zuerst aufsetzen, dann mit dem Vorschieben des Knies auf ganzer Sohle in Bewegungsrichtung abrollen, hinteres Bein strecken (vgl. »Bogenschrittstellung vorwärts« – Form 4, Seite 52).

Weitere Abfolge wie c), nur »rechts« und »links« vertauschen ④. Dann ganzer Bogenschritt nach links ⑤ usw.

Beachte: Rumpfdrehung nicht vernachlässigen. Belastung und Entlastung des jeweiligen Fußes gehen fließend ineinander über.

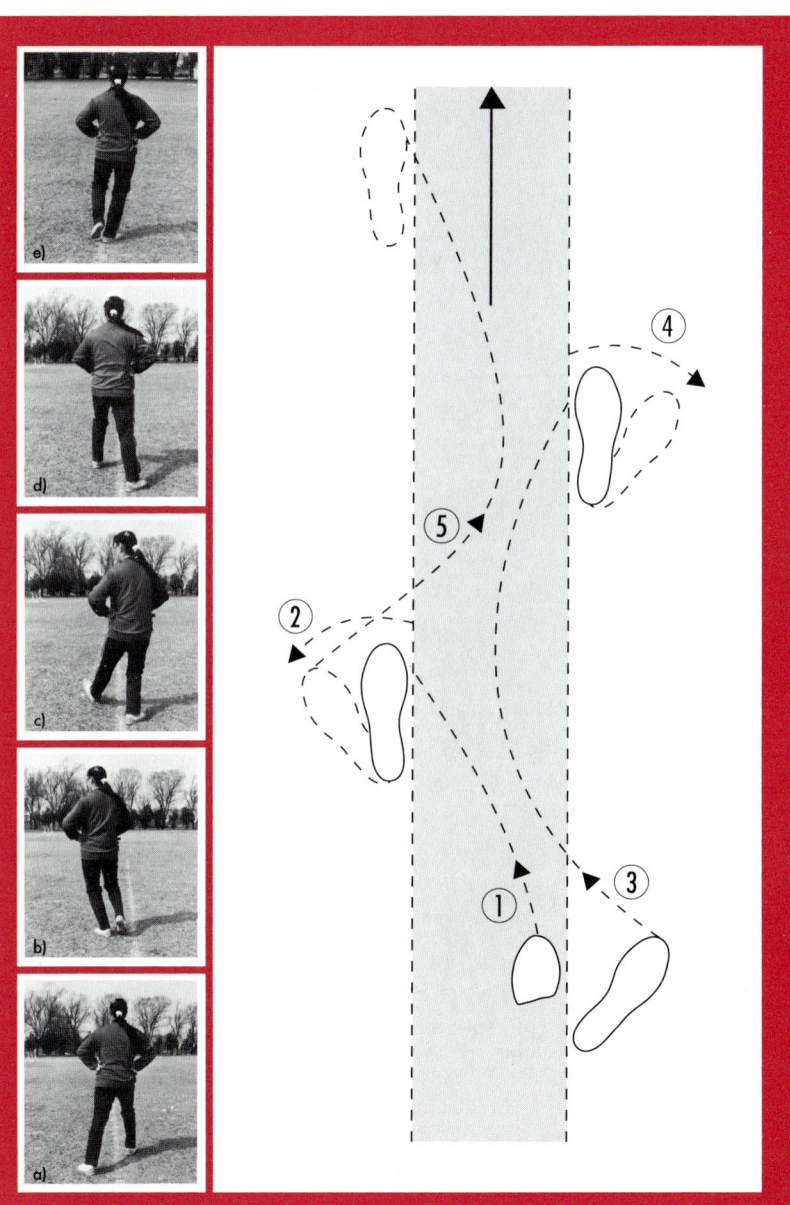

Übung des Bogenschrittes rückwärts

Vor Beginn Schultergürtel entspannen, Hände an den Hüften einstützen, Rücken in Bewegungsrichtung.

a) Rechter Fuß steht im Winkel von ca. 45° entgegen der Bewegungsrichtung und wird voll belastet. Der linke Fuß ist beigezogen und berührt – nur in dieser Ausgangsposition – mit den Zehen leicht den Boden. Vor dem ersten Schritt rechtes Bein beugen, so daß Knie und Fußspitze ungefähr auf einer Senkrechten liegen. Diese gebeugte Kniehaltung – rechts und links – wird während der ganzen Übung beibehalten.

b) Verbunden mit einer leichten Rumpfdrehung nach links, einen halben Bogenschritt nach links hinten ausführen ①, dabei mit der Fußspitze zuerst aufsetzen, dann den ganzen Fuß im Winkel von ca. 45° abrollen. Gewicht auf dem linken Bein (vgl.» Bogenschrittstellung rückwärts« – Form 6, rechtes Bild, Seite 53).

c) Mit der Gewichtsverlagerung auf das linke Bein den entlasteten rechten Fuß auf dem Ballen mit der Ferse nach außen drehen ②, Rumpf gleichzeitig leicht nach rechts ausrichten.

d) Rechten Fuß an den linken ohne Bodenberührung im Bogen heranführen ③

e) und ohne Unterbrechung in einem weiteren halben Bogen rückwärts mit der Fußspitze zuerst aufsetzen und im Winkel von ca. 45° abrollen, dabei das ganze Gewicht auf das rechte Bein verlagern. Linken Fuß auf dem Ballen mit der Ferse nach außen drehen ④. Und weiter im Bogenschritt nach links hinten ⑤ usw. (vgl. »Bogenschrittstellung rückwärts« – Form 6, linkes Bild, Seite 53).

Beachte: Während der jeweilige Fuß nach hinten gesetzt wird, ist ein Hoch- und Tiefgehen mit dem Rumpf zu vermeiden. Querabstand zwischen den Fersen von 20–30 cm beachten!

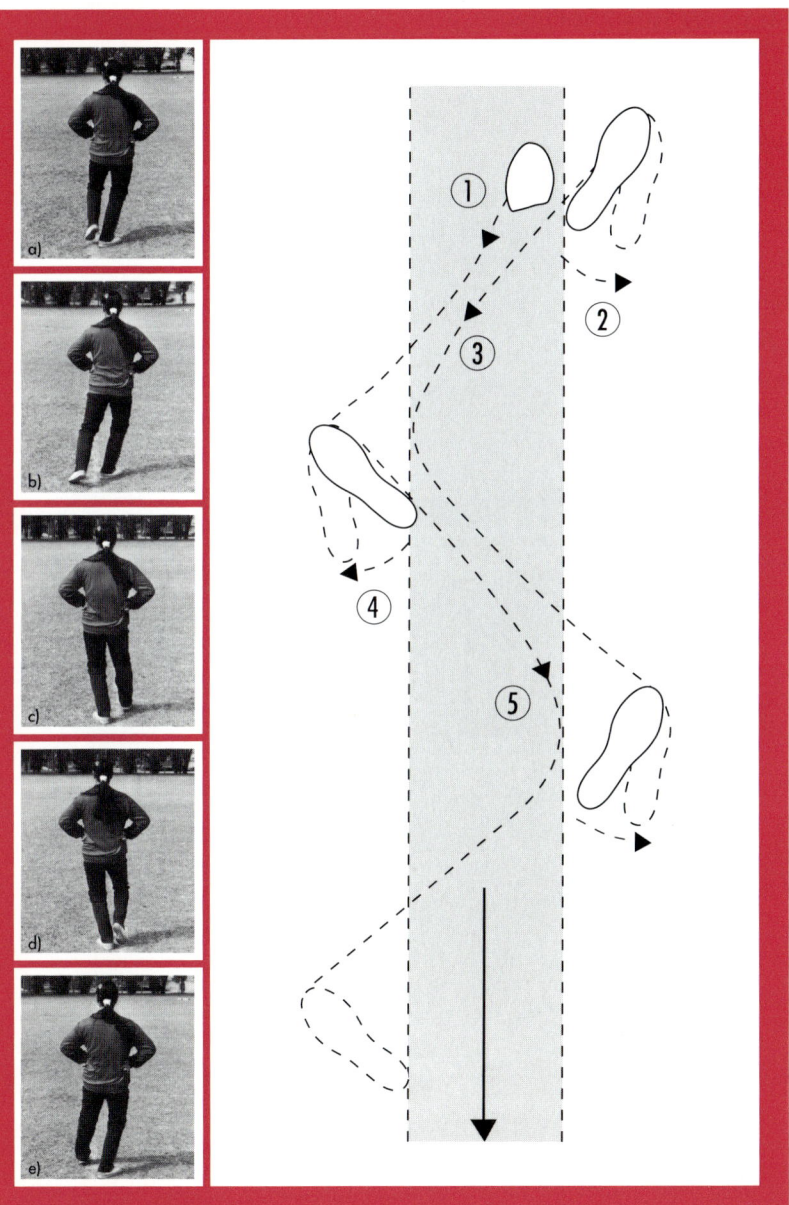

Übung des Seitwärtsschrittes

Vor Beginn Schultergürtel entspannen, Hände in der Hüfte einstützen, Blick geradeaus.

a) Ausgangsstellung (vgl. auch: »Der Seitwärtsschritt« – Form 10, linkes Bild, Seite 54), beide Beine gleichmäßig belasten.

b) Vor dem Schritt nach links beide Beine beugen, so daß Knie und Fußspitzen ungefähr auf einer Senkrechten liegen. Schritt mit dem linken Bein nach links ① (Abstand zum rechten Fuß 4 Fußbreit; vgl. auch: »Der Seitwärtsschritt« – Form 10; rechtes Bild), weich mit der linken Fußspitze zuerst aufsetzen, abrollen und Fuß voll belasten.

c) Rechtes Bein beiziehen ②, so daß zwischen den Füßen wieder 1 Fußbreit Abstand ist.

d) Rechtes Bein belasten und ansetzen zum nächsten Schritt nach links.

Zum Üben auch den Seitwärtsschritt nach rechts ausführen.

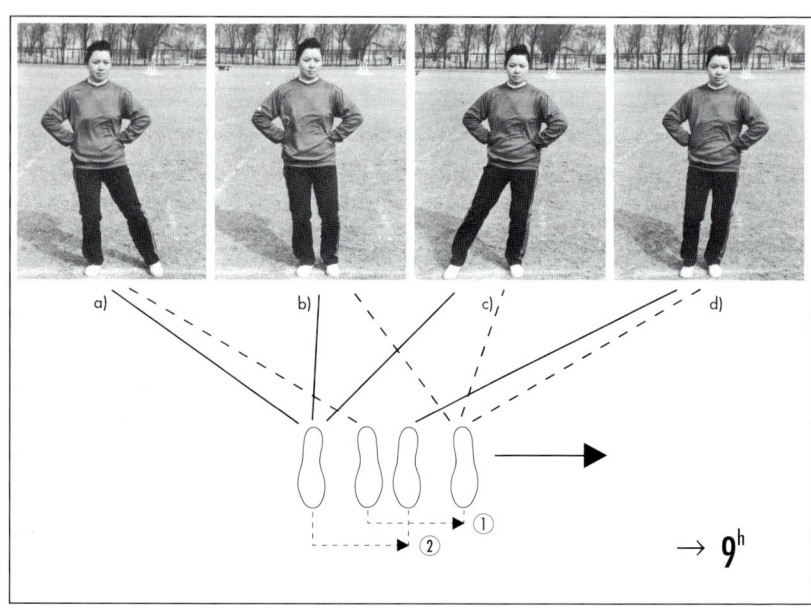

Alt und jung beim morgendlichen Taijiquan in Tianjin.

Schrittkombinationen

Sie dienen
1. als Mittel, die Belastungs- und Entlastungsphasen über eine längere Strecke zu erspüren und zu trainieren,
2. als zusätzliche Möglichkeit des Aufwärmens und zur Kräftigung der gesamten Beinmuskulatur.

Ein Durchgang besteht aus **4 Bahnen**, die in der Länge den Raumverhältnissen angepaßt und beliebig oft wiederholt werden können:

Bahn 1: Bogenschritt vw.
Bahn 2: Seitwärtsschritt nach r.
Bahn 3: Seitwärtsschritt nach l.
Bahn 4: Bogenschritt rw.

Schrittübungen mit ganzen Formen

Ebenso wie die Übung von Schrittkombinationen sollen die folgenden drei ausgewählten Schrittübungen mit ganzen Formen vor der Ausführung der ganzen Sequenz mehrere Male – vor allem zum Aufwärmen – in längeren Bahnen absolviert werden.

Dabei nehme man sich jeweils für eine Bahnlänge ein Kriterium der Bewegungsausführung vor (s. Seite 29 ff.) und konzentriere sich ganz bewußt auf dessen exakte Befolgung. Ein besonderes Augenmerk ist auf die entsprechenden Rumpfdrehungen zu richten.

Bahn 1

Umkehrschritt

Ausgangsstellung
wie Abb.
Seite 59

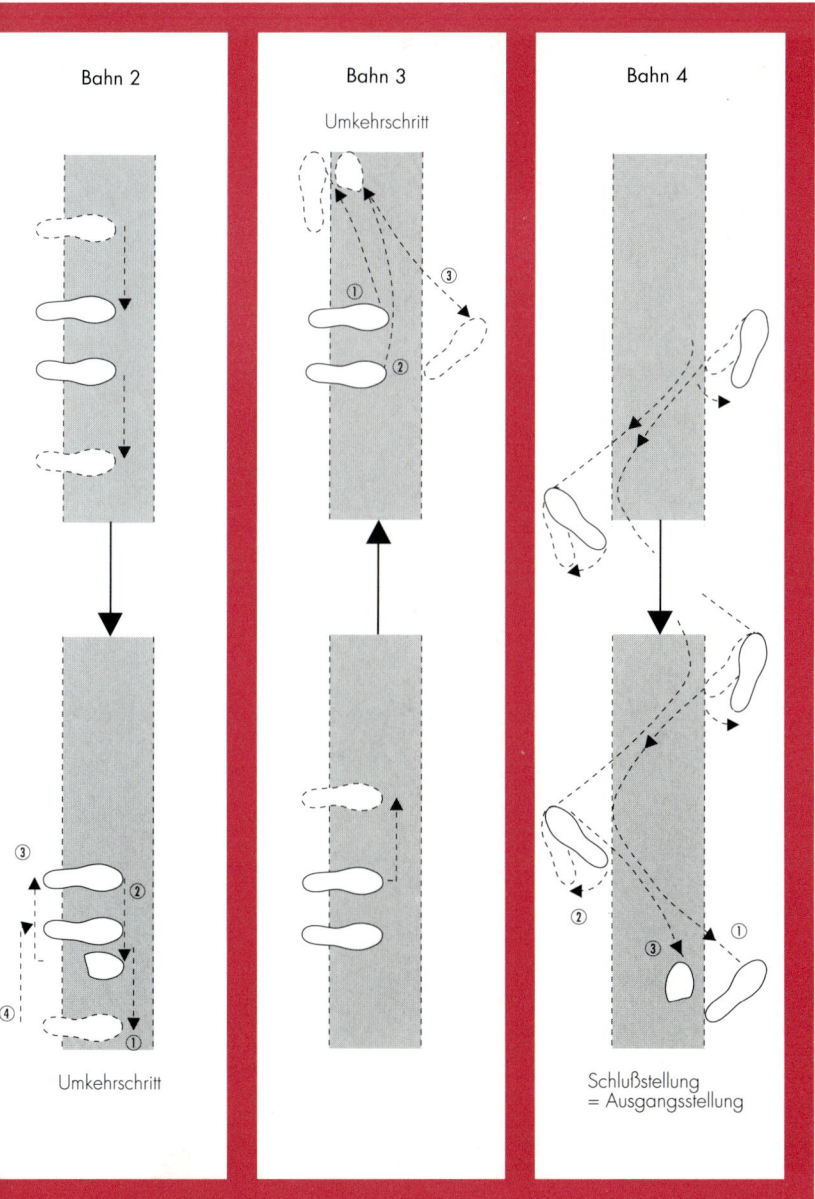

Bahn 2

Bahn 3

Umkehrschritt

Bahn 4

Umkehrschritt

Schlußstellung
= Ausgangsstellung

① Ausgangsstellung (vgl. die Skizze) nach ...

... Beginnende linke ... nach ... →
... seitlich, Armen ... die rechte Brust, Fin-
... der rechten Hand in Augenhöhe. Linke
... Handfläche seitlich etwas vor der Hüfte
... zeigen ... nach ...

② Ansetzen zum Bogenschritt nach rechts und
③ gleichzeitig die linke Hand zusammen mit
Kumulieren → Bilde: leicht gebeugten,
Ellbogen etwa in Schulterhöhe anheben,
während die rechte Hand quer vor die
Brust geführt wird. Handfläche zeigt zur
Brust.
④ Der rechte Fuß ist an den linken herangezo-
⑤ gen, ohne den Boden zu berühren.
Halber Bogenschritt nach rechts mit Rumpf-
⑥ drehung → 9ʰ. Streifen die linke Hand
erst Richtung linkes Ohr, dann im Bogen am
Ohr vorbei nach vorn »stoßen«. Finger der
linken Hand in Augenhöhe. Rechte Hand
im Bogen nach links unten bis seitlich zur
rechten Hüfte führen.

Ausgangsstellung für »die Schützen nach
links«.

⑦ Bewegungsfolge wie ①–⑥, nur links und
↓ rechts werden vertauscht. Dann wieder
⑪ Bewegungsfolge wie ①–⑥ usw.

Beachte: Alle Bewegungen sind gleichmäßig fließend, kein Innehalten! Beim »Vorstoßen« den jeweiligen Arm nicht völlig
durchstrecken und Oberkörper nicht vorbeugen (Vgl. auch Bildserie Seite 40ff.).

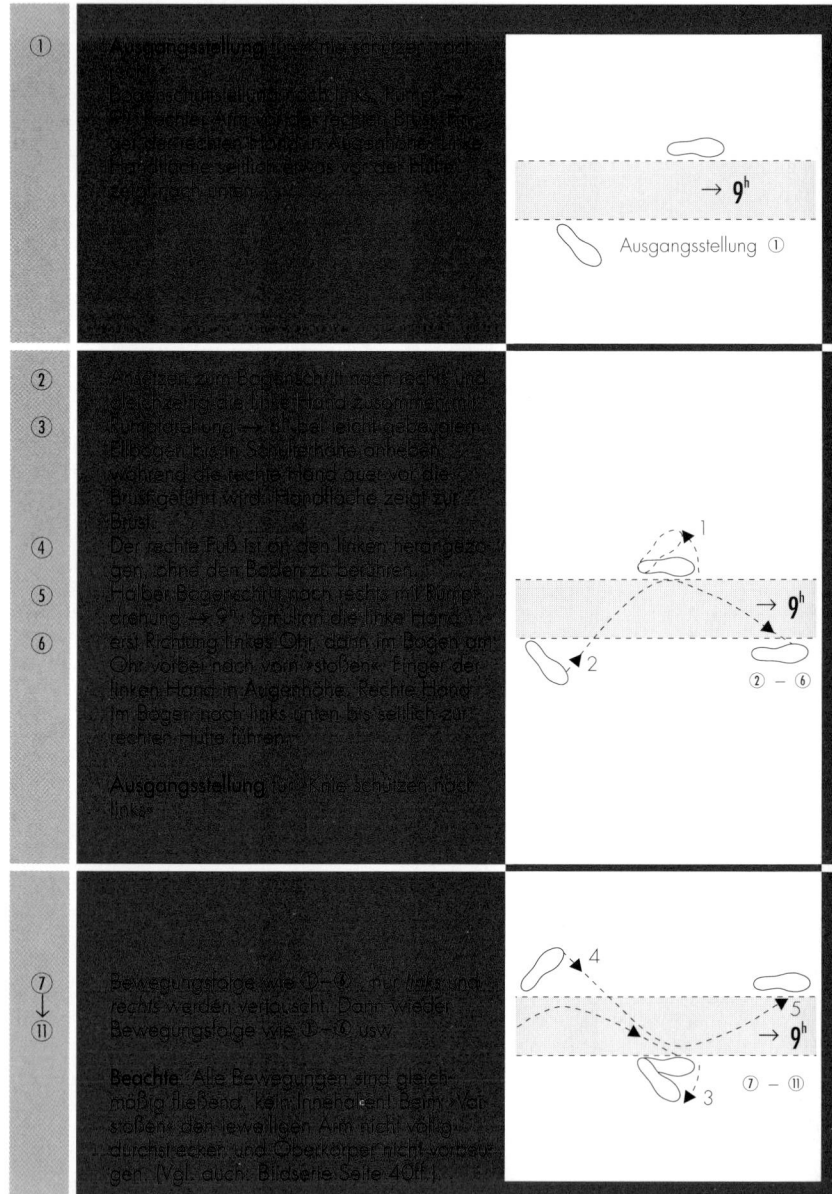

→ 9ʰ
Ausgangsstellung ①

② – ⑥

⑦ – ⑪

①

②

③

④

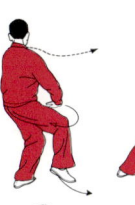

⑤

⑥

⑦

⑧

⑨

⑩

⑪

① **Ausgangsstellung** für »Den Affen abwehren«
Bildfolge von rechts nach links!

Rumpf → 10–11ʰ
Gewicht auf dem rechten Bein, linkes Bein
berührt noch mit dem Fußballen den Boden.
Rechte Hand in Kopfhöhe, linken Arm gerundet nach vorn gestreckt (nicht durchstrecken!) → 9ʰ, als wollte man einen Ball
halten. (Der Ball ist nur als Lernhilfe
gedacht.)

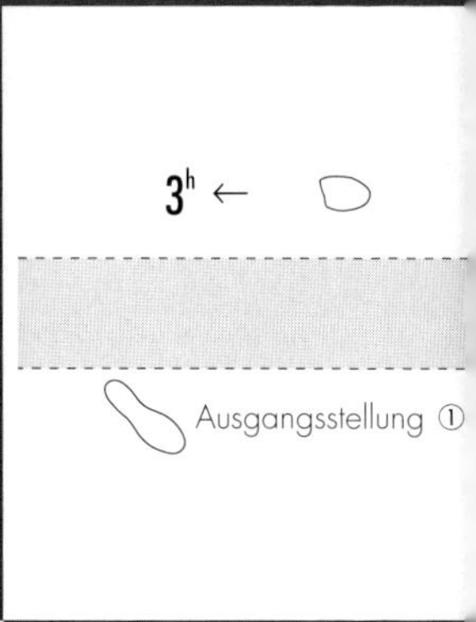

3ʰ ←

Ausgangsstellung ①

② Bogenschritt rückwärts nach links. Gleichzeitig rechte Hand in leichtem Abwärtsbogen
③ auf die linke Hand zuführen, als wolle man
den Ball wegstoßen. Mit dem Bogenschritt
rückwärts wird die linke Hand seitlich
abwärts zur linken Hüfte gebracht.
④ Rechte Ferse nach außen drehen, linke
Hand von der Hüfte aus mit Auswärtsbogen
③ in Kopfhöhe hochführen, gleichzeitig
rechte Handfläche nach oben drehen,
dabei dreht der Rumpf → 7–8ʰ. Rechter
Arm → 9ʰ.

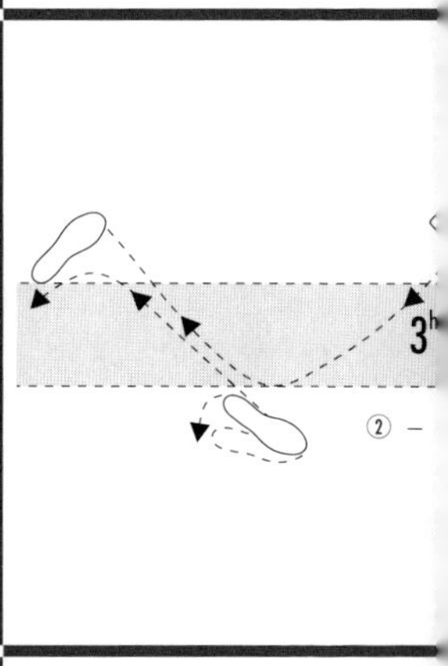

3ʰ

② –

⑤ Es folgt der gleiche Bewegungsablauf
↓ wie ①–④, nur links und rechts werden
⑦ vertauscht.

⑧ Wie ②–④. Zum Üben Bewegungsfolge
↓ beliebig fortsetzen.
⑩

3ʰ ←

Beachte: Beim Auswärtskreisen der Arme
rückwärts und gleichzeitigem Bogenschritt
Knie gebeugt lassen, Hoch- und Tiefgehen
vermeiden.

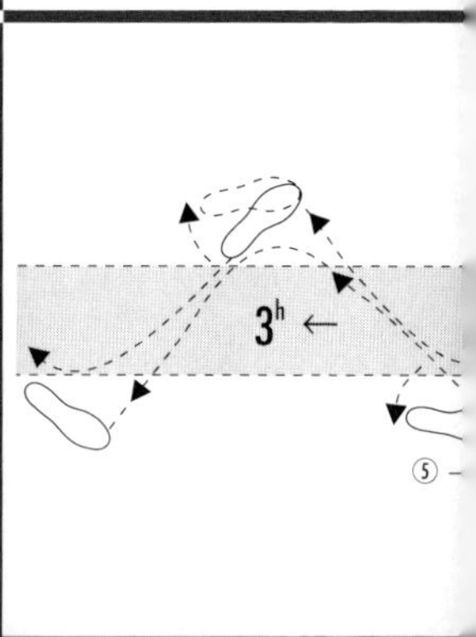

⑤ –

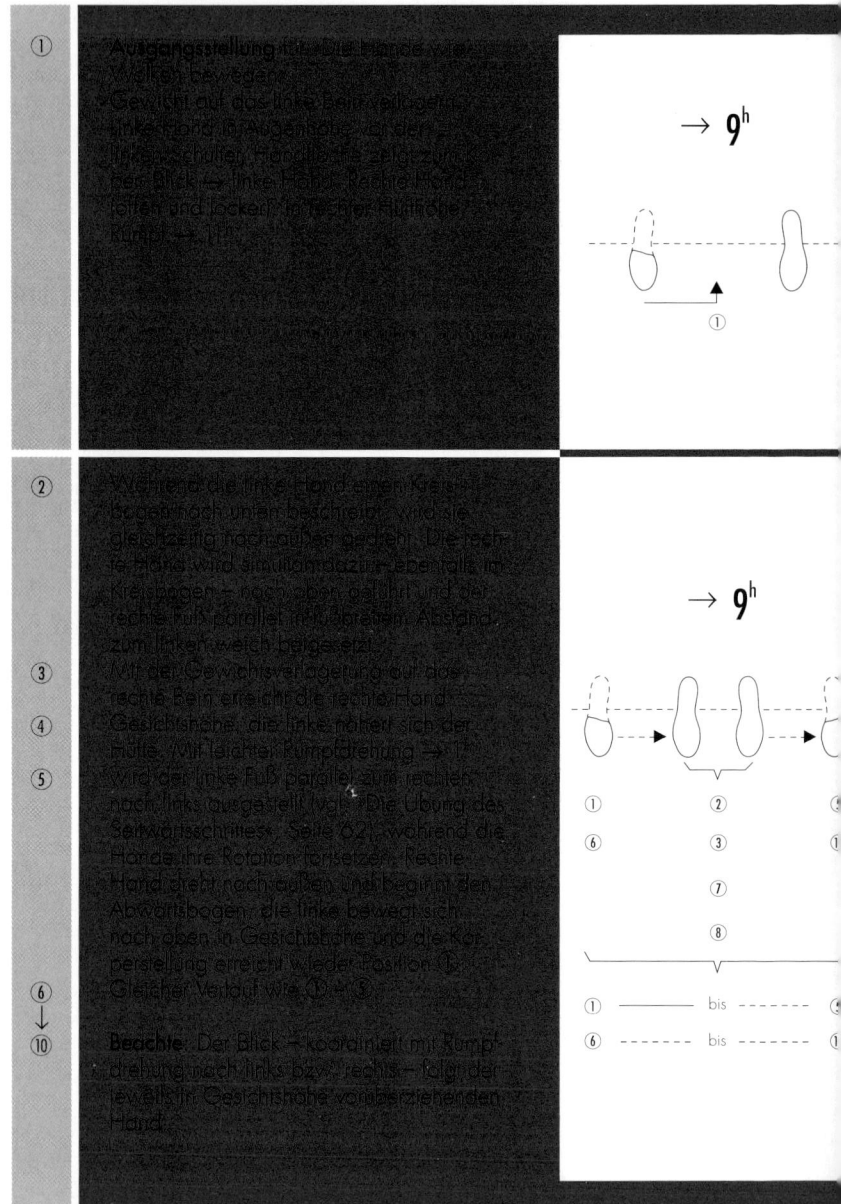

① Ausgangsstellung für die Hände wieder
... (Drill) bewegen.
Gewicht auf das linke Bein verlagern,
linke Hand in Augenhöhe ... an der
linken Schulter, Handfläche zeigt zum
... Blick → linke Hand, rechte Hand
öffnen und lockern, in leichter Brusthöhe.
Rumpf → ...

→ 9ʰ

② Während die linke Hand einen Kreisbogen nach unten beschreibt, wird sie
gleichzeitig nach außen gedreht. Die rechte Hand wird gleichzeitig dazu ebenfalls im
Kreisbogen – nach oben geführt und der
rechte Fuß parallel, mit größerem Abstand
zum linken weich belastet.

③
④ Mit der Gewichtsverlagerung auf das
⑤ rechte Bein erreicht die rechte Hand
Gesichtshöhe, die linke nähert sich der
Mitte. Mit leichter Rumpfdrehung → ...
wird der linke Fuß parallel zum rechten,
nach links ausgestellt (vgl. »Die Übung des
Seitwärtsschrittes«, Seite 62), während die
Hände ihre Rotation fortsetzen. Rechte
Hand dreht nach außen und beginnt den
Abwärtsbogen, die linke bewegt sich
nach oben in Gesichtshöhe und die Kör-
perstellung erreicht wieder Position ①.

⑥ Gleicher Verlauf wie ① – ⑤.
↓
⑩
Beachte: Der Blick – koordiniert mit Rumpfdrehung nach links bzw. rechts – folgt der
jeweils in Gesichtshöhe vorbeiziehenden
Hand.

→ 9ʰ

①   ②   ...
⑥   ③   ...
         ⑦
         ⑧

① —— bis ------ ...
⑥ ------ bis ------ ...

①

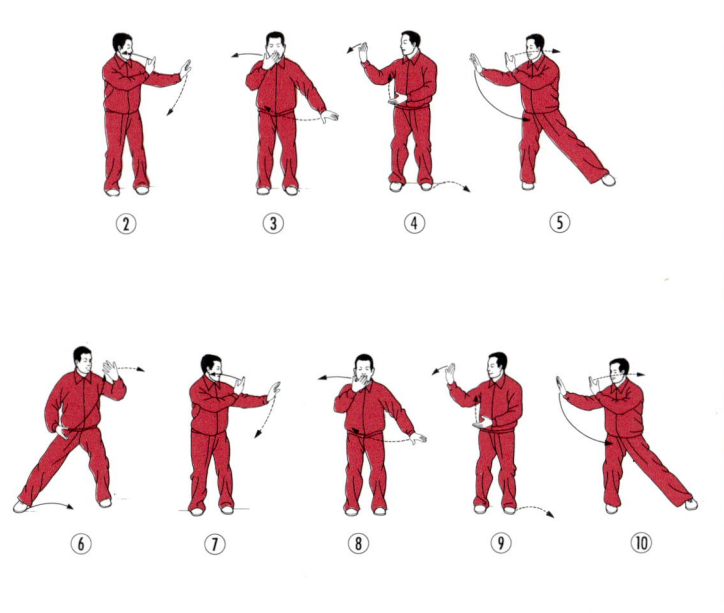

② ③ ④ ⑤

⑥ ⑦ ⑧ ⑨ ⑩

Die Praxis des Taijiquan

Erlernen der einzelnen Formen

Wenn Sie die *Hinführenden Übungen* gelernt haben und beherrschen, beginnen Sie mit der Sequenz. Eine Übungsstunde von ca. 45 Minuten kann dann folgendermaßen zusammengestellt werden:

1. Aufwärmen
   a) Kurzes Warmlaufen/Hüpfen auf der Stelle.
   b) Gymnastik.

10 Min.

2. Wiederholung Hinführender Übungen
   a) Schrittkombinationen.
   b) Schrittübungen mit den ganzen Formen 4/6/10 unter besonderer Bewußtmachung einzelner Kriterien, s. dazu Seite 29 ff.

10 Min.

3. Einstudierung der neuen Form(en)
   a) Wiederholung der bereits erlernten Formen
   b) Einstudierung der nächstfolgenden Form(en).

15 Min.

4. Einübung zusammenhängender Formen
   a) Üben der bisher erlernten Formen.
   b) Hinzufügung der neuen Form(en).

15 Min.

Üben der ganzen Sequenz

Sind alle 24 Formen einstudiert und wird die Sequenz in der Grobform beherrscht, kann man den Übungsaufbau einer Stunde (ca. 45 Min.) wie folgt gestalten:

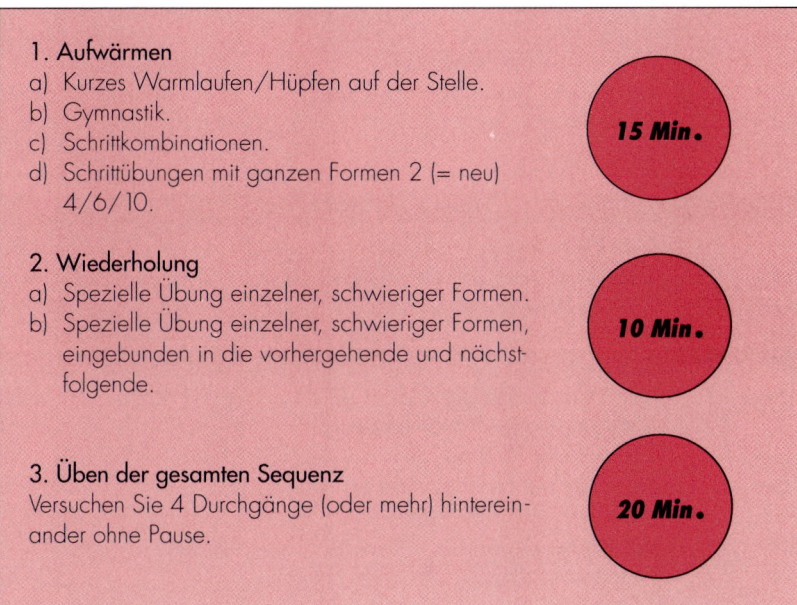

1. Aufwärmen
a) Kurzes Warmlaufen/Hüpfen auf der Stelle.
b) Gymnastik.
c) Schrittkombinationen.
d) Schrittübungen mit ganzen Formen 2 (= neu) 4/6/10.

15 Min.

2. Wiederholung
a) Spezielle Übung einzelner, schwieriger Formen.
b) Spezielle Übung einzelner, schwieriger Formen, eingebunden in die vorhergehende und nächstfolgende.

10 Min.

3. Üben der gesamten Sequenz
Versuchen Sie 4 Durchgänge (oder mehr) hintereinander ohne Pause.

20 Min.

Mit zunehmendem Können kann der Aufwärm- und Wiederholungsteil in einzelnen Punkten gekürzt werden.

Ziel soll es sein, nach dem Aufwärmen die Kurze Peking-Form 30 Minuten lang in Folge und mit höchster Konzentration zu üben – wenn möglich, täglich!

Worin aber liegt die größte Schwierigkeit beim Erlernen des Taijiquan und anderer Fertigkeiten?
»Die Übungen sind oft sehr einfach, aber immer ist es schwer, ein Übender zu werden, das heißt regelmäßig, treu und präzise die vorgeschriebene Übung hundertfach zu wiederholen« (DÜRCKHEIM 1981, 16).

Die Kurze Peking-Form

Bahnen und Bezeichnung der Formen

Die Sequenz auf einen Blick

Bewegungsrichtung

Bahn 1 — 9^h

5 Die Harfe spielen

4 Das Knie schützen

3 Der Kranich breitet die Flügel aus

2 Die Mähne des Pferdes teilen

1 Beginn → 12^h

Bahn 2 — 3^h

6 Den Affen abwehren

7 Den Vogel beim Schwanz fassen (links)

8 Den Vogel beim Schwanz fassen (rechts)

Bahn 3 — 9^h

15 Drehen u. Stoß mit der linken Ferse

14 Mit beiden Fäusten die Ohren des Gegners treffen

13 Stoß mit der rechten Ferse

12 Das Pferd am Hals tätscheln

11 Die einfache Peitsche

10 Die Hände wie Wolken bewegen

9 Die einfache Peitsche

Bahn 4 — 3^h

16 Die gehockte Peitsche (links)

17 Die gehockte Peitsche (rechts)

18 Am Webstuhl arbeiten (links und rechts)

19 Die Nadel vom Meeresboden holen

20 Arme wie einen Fächer ausbreiten

Bahn 5 — 9^h

Benötigter Raum:
Bahnlänge ca. 4m
Bahnbreite ca. 1,5m

24 Schluß → 12^h

23 Die Hände kreuzen

22 Verschließen

21 Drehen, abwehren n. unten, parieren u. zustoßen

Zur Bewegungs-orientierung

Die Hinweise zur Bewegungsorientierung und über die verschiedenen Stellungen der einzelnen Körperteile werden nach dem *Zifferblattsystem* gegeben. Aus der Sicht des Übenden sieht das wie folgt aus:

Zu Beginn der Sequenz steht der Übende frontal in Richtung 12^h, hinter ihm ist 6^h, links von ihm 9^h und rechts 3^h. Die Richtungshinweise werden mit einem Pfeil gekennzeichnet. Z.B. »Ausgangsstellung Rumpf → 12^h« (s. auch »Zeichenerklärung«, Seite 51). »Ausgangsstellung« (s. Abbildung unten) *nach* dem »Öffnen« aus geschlossener Fußstellung.

Beschreibung der 24 Formen

In manchen Lehrbüchern wird die Bewegungsorientierung mit Hilfe der Himmelsrichtungen gegeben. Dabei steht der Übende frontal in willkürlich festgelegter Richtung Norden. Süden liegt hinter ihm, links von ihm Westen und rechts

Osten. Wir haben uns für das Zifferblattsystem entschieden, weil es eine genauere Differenzierung bei der Bewegungsbeschreibung zuläßt.

Hat der Übende einen festen Übungsort, empfiehlt es sich, immer an gleicher Stelle und in gleicher Richtung mit der **FORM 1** zu beginnen. Der stets gleiche Ausgangsort erleichtert den Lernvorgang und die Orientierung im Raum.

Form 1: »Beginn«

Beginn

Zum Auftakt steht man mit
[...] Füße eng
aneinander.
Aus geschlossener Fußstellung Schulter breite
Ausgangstellung
[...]
der [...]
[...]
[...]
Füße [...] parallel, Schulter
breit auseinander. Beine
[...]
[...]. Oberkörper [...]
[...] Kinn [...]
den Blick → 12[^h]. Arme
hängen locker. Hände
[...] zum Körper.

Arme nach vorn oben bis in Schulterhöhe anheben, aber nicht
durchstrecken. Die Hände sind leicht nach unten abgeknickt.

Hände in Schulterhöhe etwas aufrichten.

langsam Arme und Ellbogen senken und die Knie beugen.

Beachte: Mit dem Armheben Schultern und Ellbogen nicht hochziehen. Gesäß leicht einziehen. Das Senken der Arme muß mit
dem Beugen der Knie harmonisch koordiniert werden.

Zur Lernerleichterung finden Sie bei den folgenden 23 Formen
jeweils auf der Textseite ein **Foto** vor, das die **Endposition** der
vorhergehenden Form (Grafik) darstellt. Es ist gleichzeitig die
Ausgangsstellung für die neue Form. Dadurch wird ein ständiges Umblättern vermieden.

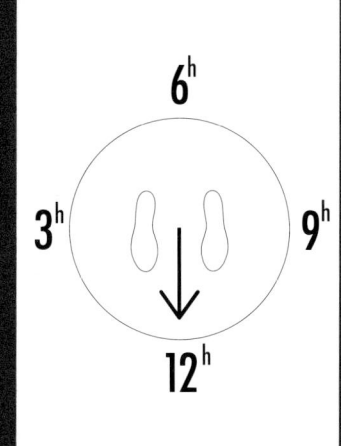

Ausgangsstellung

①

②

③

④

Die Mähne des Pferdes teilen

Ausgangsstellung → 12^h

⑤ Den rechten Fuß belasten, dabei den Oberkörper geringfügig in → 1^h drehen. Gleichzeitig die rechte Hand im Aufwärtsbogen bis etwa in Brusthöhe führen, während die linke Hand einen leichten Abwärtsbogen zur Körpermitte beschreibt, bis beide Handflächen zueinander zeigen und eine *Ballhalteposition* bilden (Ball nur zur gedanklichen Hilfe bei Bild 6 eingezeichnet). Zusammen mit der Rumpf-/Armbewegung wird der linke Fuß, ohne den Boden zu berühren, an den rechten herangeführt. Blick zur rechten Hand.

⑥
⑦ Bogenschritt nach links und gleichzeitig beide Hände bogenförmig *auseinanderziehen*. Die linke Hand geht nach vorn oben, die rechte nach unten bis etwas seitlich vor die Hüfte. Blick folgt der linken Hand bis → 9^h. Rumpf etwas schräg zur Bewegungsrichtung → 10^h.

⑨
⑩ Ansetzen zum Bogenschritt nach rechts. Gewicht ganz auf den
⑪ linken Fuß und *Ballhalteposition* nach links einnehmen. Rumpf →
⑫ 8^h. Rechter Fuß wird im Bogen beigezogen (kein Anhalten, keine Bodenberührung).

⑬ Halber Bogenschritt nach rechts, zuerst aufsetzen mit der Ferse
⑭ und Hände auseinanderziehen (wie 7–9), rechte Hand geht nach oben, linke Hand im Bogen nach unten. Blick zur rechten Hand → 9^h.

⑮ Weiter wie 10–14, nur *links* und *rechts* vertauschen. Die Teilung
↓ der Mähne innerhalb der Sequenz erfolgt insgesamt 3mal: nach
⑲ links – rechts – links.

⑤ ⑥ ⑦ ⑧ ⑨

⑩ ⑪ ⑫ ⑬ ⑭

⑮ ⑯ ⑰ ⑱ ⑲

Der Kranich breitet
die Flügel aus

⑳ Mit dem letzten Bogen-
schritt Rumpf etwas nach
links drehen → Ein volle
Belastung auf den linken
Fuß und rechten Fuß um
halbe Distanz zwischen linkem und rechtem Fuß an
den linken heranführen.
Gleichzeitig formen
Hände/Arme die Ball-
halteposition (linke
Rumpf → 3).

㉑ Ganzes Gewicht wieder
auf das rechte Bein (sich Ausgangsstellung → 9),
zurücksetzen). Beim
Zurücksetzen dreht der Rumpf automatisch leicht nach rechts
→ 10. Mit der Rumpfdrehung Arme bogenförmig auseinanderziehen – linke Hand nach links unten, rechte Hand nach oben,
bis schräg vor die Stirn (Handfläche zeigt zur Stirn). Blick geht
mit der rechten Hand.

㉒ Gleichzeitig wird mit dem Auseinanderziehen der Hände der
linke, unbelastete Fuß bei leicht gebaugtem linken Bein um
ca. 4–5 cm nach vorn versetzt und berührt mit den Zehen
den Boden (vgl. »Leerer Schritt«, Seite 55). In »Endposition«
Blick → 9.

Beachte: Fließender Übergang zwischen »Endposition Mähne«
und Beginn der »Kranich-Form«. Gewichtsverlagerung nach
hinten muß mit der Aufwärtsbewegung der rechten Hand koordiniert werden. Oberkörper nicht zurücklehnen!

Das Knie schützen

Vorbemerkung: Form 4 enthält zwei Abwehrmuster:

1. zu Beginn Abwehr mit Handkantenschlag rechts und links;
2. das Knie schützen und vorstoßen.

Vorstellungshilfe für das erste Abwehrmuster: Ein Angreifer schlägt nacheinander eine linke und eine rechte Gerade in Kinnhöhe zum Körper. Beide Schläge werden nacheinander erst mit der rechten, dann mit

Ausgangsstellung → 9ʰ

der linken Handinnenkante abgewehrt, wobei die Handflächen beim Schlag zum Körper zeigen.

㉓ ㉔ ㉕ Mit Rumpfdrehung → 8ʰ »schlägt« zuerst die rechte Hand einen Abwärtsbogen nach links unten, dann die linke Hand mit Rumpfdrehung → 11ʰ im Auswärtsbogen von unten kommend nach rechts, bis sich der Unterarm quer vor dem Rumpf befindet. Gleichzeitig erreicht der gerundete rechte Arm weiterrotierend mit der Hand Augenhöhe ㉕ (Blick zur rechten Hand). Mit Beginn der »Handkantenschläge« wird der linke Fuß ohne Bodenberührung an den rechten herangezogen.

㉖ ㉗ Halber Bogenschritt nach links mit Rumpfdrehung → 9ʰ. Simultan die rechte Hand erst Richtung rechtes Ohr, dann im Bogen am Ohr vorbei nach vorn stoßen. Linke Hand im Bogen nach links unten bis seitlich zur linken Hüfte führen. Finger der rechten Hand in Augenhöhe.

Weiterer Verlauf siehe »Hinführende Übungen«, Seite 67. Der Teil »Knie schützen« erfolgt insgesamt 3mal: nach links – rechts – links.

㉓ ㉔ ㉕ ㉖ ㉗

㉘ ㉙ ㉚ ㉛ ㉜

㉝ ㉞ ㉟ ㊱ ㊲

Die Harfe spielen*)

(38)

Es erfolgt zunächst die gleiche Schrittfolge wie bei Form 3: Mit dem letzten Bogenschritt Rumpf etwas nach links drehen → 8ʰ, volles Gewicht auf den linken Fuß übertragen und rechten Fuß um halbe Distanz zwischen linkem und rechtem Fuß an den linken heranführen.

(39)
(40)

Ganze Belastung wieder zurück auf das rechte Bein. Beim »zurücksetzen« dreht der Rumpf automatisch leicht nach rechts → 10ʰ. Zusammen mit dem nach-

Ausgangsstellung → 9ʰ

gezogenen Schritt linken Arm leicht abgewinkelt im Bogen nach vorn oben bis in Augenhöhe führen (Handfläche zeigt nach rechts). Die rechte Hand wird mit der Rumpfdrehung nach rechts mit zurückbewegt bis auf Höhe des linken Ellbogens. Rechte Handfläche zeigt zum linken Ellbogen. Mit den Armbewegungen linken Fuß anheben und nach vorn nur mit der Ferse aufsetzen (vgl. »Der leere Schritt«, Seite 55). Blick → 9ʰ.

Beachte: Die Gewichtsverlagerung »Zurücksetzen« muß mit dem Heben der linken Hand weich koordiniert werden.

---

*) Häufiger findet man die Bezeichnung »Die Laute oder die Gitarre spielen«. Die Bewegung ähnelt aber eher einem Harfengriff, deshalb haben wir uns für die obige Formulierung entschieden.

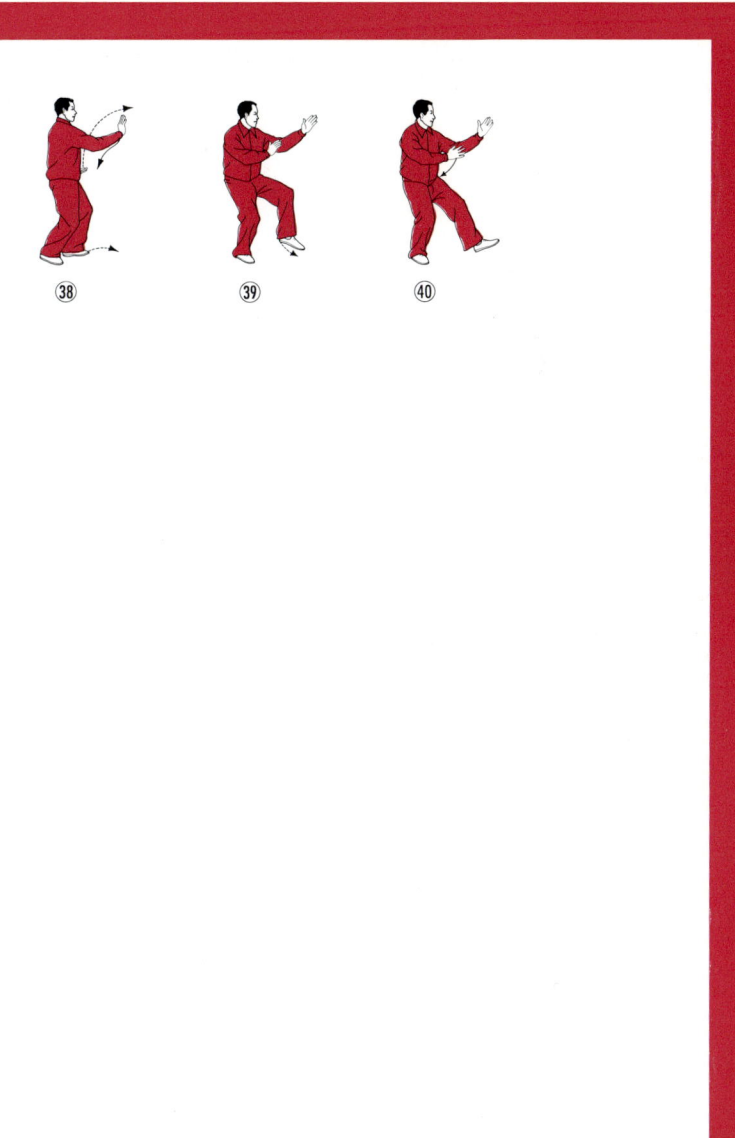

Den Affen abwehren

Anmerkung: Der besseren
Vorstellung wegen wurde
nur bei dieser Form die
Bildfolge umgedreht. Die
Bewegungsrichtung geht –
vom Betrachter aus gese-
hen – nach links.

④① Rumpf nach rechts drehen
→ 10–11.

④② Gleichzeitig rechte Hand
bogenförmig an der rech-
ten Hüfte vorbei aufwärts
in Schulterhöhe führen.
Beide Handflächen zeigen
nach oben. Ferse des lin-

Ausgangsstellung → 9.

ken Fußes anheben. Beide Arme runden.

Zur weiteren Abfolge der Form (④③ – ⑤①) siehe »Hinführende
Übungen«, Seite 69.

»Den Affen abwehren« innerhalb der Sequenz erfolgt insgesamt
4mal: Nach rechts – links – rechts – links.

44 43 42 41

47 46 45

50 49 48

53 52 51

Den Vogel beim Schwanz fassen – links und rechts

Die Formen 7 und 8 bestehen aus je vier identischen Teilformen, die einmal nach links, das andere Mal nach rechts ausgeführt werden.

1. *peng* – Abwehr nach vorn-oben
Bildfolge 56 – 60 bzw. 70 – 72

2. *lu* – Zurückweichen und ziehen
Bildfolge 61 – 69 bzw. 72 – 74

3. *ji* – Nach vorn drücken
Bildfolge 76 – 78 bzw. 74 – 76

4. *an* – Stoßen
Bildfolge 69 – 60 bzw. 78 – 80

Ausgangsstellung, Form 7 → 9h

Ausgangsstellung, Form 8 → 3h

⑤④
↓
⑤⑥

Ausgangsstellung

Rechten Fuß belasten, linker Fuß hat Bodenberührung mit den Zehen, Rumpfdrehung nach rechts → 1)ʰ. Rechte Hand/Arm bogenförmig schräg nach hinten oben, dann nach vorn vor die Brust führen (㊺), während die linke Hand im Bogen nach unten zieht und dann zusammen mit der rechten Hand die *Ballhalte-position* einnimmt (㊻). Gleichzeitig wird der linke Fuß zum rechten herangezogen, ohne den Boden zu berühren.
Position ㊻ ist die Ausgangsstellung für die erste Teilform.

1. peng

⑤⑦
↓
⑤⑧

Mit Bogenschritt nach links zieht die rechte Hand wie bei Form 2 *(Mähne)* im Bogen nach unten bis in Hüfthöhe, während der linke Unterarm – anders als bei Form 2 – im rechten Winkel zur Bewegungsrichtung 9ʰ – harmonisch koordiniert mit der Rumpf-bewegung und Gewichtsverlagerung nach vorn – bogenförmig nach vorn oben bis in Brusthöhe geführt wird.
Position ㊽ ist die Ausgangsstellung für die zweite Teilform.

2. lü

⑤⑧
↓
⑤⑨

Mit einer leichten Rumpfdrehung nach links → 8ʰ (nicht im Bild) beginnt lü. Zusammen mit der Rumpfbewegung nach links dre-hen die Hände zueinander, wobei die rechte Hand zur linken herangeführt wird. Beide Hände ziehen nun bei gleichzeitiger Gewichtsverlagerung auf das rechte Bein und Rumpfdrehung → 10–11ʰ, im Bogen nach unten zur rechten Hüfte.
Position ㊾ ist die Ausgangsstellung für die dritte Teilform.

3. ji

⑤⑨
↓
⑥②

Nach einer kleinen Ausholbewegung wird die rechte Hand auf die linke zugeführt, beide Handriste aufeinandergelegt nach vorn gedrückt. Die Arme bleiben gerundet, nicht durchstrecken. Mit dem *Vordrücken* wird auch das Gewicht wieder auf das linke Bein verlagert.
Position ㊿ ist die Ausgangsstellung für die vierte Teilform.

4. an

⑥②
↓
⑥③

Am Ende von ji drehen die Hände so, daß sie gekreuzt überein-anderliegen und die Handflächen zum Boden zeigen, linke Hand unten.

㊴   ㊵   ㊶   ㊷   ㊸

㊹   ㊺   ㊻   ㊼

㊽   ㊾   ㊿   66

Form 8

⑭
↓
⑯

Mit der Gewichtsverlagerung auf das rechte hintere Bein – die Fußspitzen des linken Fußes leicht anheben – werden die gekreuzten Hände auseinandergeführt und mit Senken der Ellbogen an den Körper herangezogen, um dann in sanftem Aufwärtsbogen und mit gleichzeitiger Gewichtsverlagerung nach vorn *gestoßen* zu werden. In der Endposition (⑯) Arme nicht völlig durchstrecken.

Beachte: Sämtliche Teilformen gehen bei der Ausführung fließend ineinander über.

Ausgangsstellung

Bogenschrittstellung links. Linker Fuß Belastung ca. 70%, rechter Fuß ca. 30%.

⑰
Belastungswechsel: Gewicht auf das rechte Bein, linken Fuß auf der Ferse um 90–120° nach innen drehen.

⑱
Gleichzeitig Hände bei locker gehaltenen und leicht gerundeten Armen zusammen mit dem Oberkörper nach rechts führen.

⑲
↓
⑳
Arme langsam abwinkeln – rechte Hand beschreibt einen Abwärtsbogen – und *Ballhalteposition* vor der rechten Körperhälfte einnehmen. Mit der Formung der Ballhalteposition den rechten Fuß an den linken heranziehen, ohne daß die Zehen den Boden berühren.

Position ⑳ ist die Ausgangsstellung für die erste Teilform peng.
Es folgt gleicher Bewegungsablauf wie ⑯ – ⑯ bei Form 7, nur werden *rechts* und *links* vertauscht.

Form 9

Die einfache Peitsche

81
↓
82

Gewichtsverlagerung
zurück auf das linke Bein.
Mit Rumpfdrehung nach
links bis ca → 11ʰ rechten
Fuß etwa 100–110° auf
der Ferse nach innen dre-
hen. Gleichzeitig
beschreibt die rechte
Hand einen Abwärts- (81)
dann Aufwärtsbogen (82).
Der Abwärtsbogen wird
mit dem Eindrehen des
Fußes koordiniert. Gegen-
gleich mit dem Aufwärtsbogen der rechten Hand
zieht die linke Hand einen
Kreisbogen abwärts.

Ausgangsstellung → 3ʰ

83
↓
84

Zusammen mit dem Aufwärtsbogen der rechten Hand (Rumpf
→ 11ʰ, 82) wird das Gewicht wieder auf das rechte Bein
verlagert und der linke Fuß an den rechten herangeführt. Die
rechte Hand (Handfläche zum Körper) zieht in Augenhöhe am
Gesicht vorbei, dreht nach außen und bildet eine Hakenhand
(s. Seite 48), wobei der rechte Arm im Winkel von ca. 120° zur
Bewegungsrichtung 9ʰ gestreckt wird.

84
↓
86

In Koordination mit dem Bogenschritt nach links dreht der Rumpf
→ 10ʰ und führt den gerundeten linken Arm mit. Mit der Belastung des linken Fußes und dem *Vorschieben* des Rumpfes wird
die linke Hand nach außen → 9ʰ gedreht.

Beachte: Der rechte Arm mit der Hakenhand wird nicht völlig
durchgestreckt. Die Hakenhand überragt leicht Schulterhöhe.
Der linke Arm wird nicht *vorgestoßen*, sondern *schiebt* sich mit
dem Rumpf → 9ʰ. Rumpf in Endposition → 10ʰ.

⑧¹   ⑧²   ⑧³

⑧⁴   ⑧⁵   ⑧⁶

Die Hände wie Wolken bewegen

Gewichtsverlagerung zurück auf das rechte Bein. Den linken Fuß zusammen mit einer Rumpfdrehung → 11ʰ um 90° auf der Ferse nach innen drehen. Gleichzeitig den linken Arm im Kreisbogen nach rechts unten, dann nach oben in Augenhöhe führen und die Hakenhand öffnen.
Die weitere Bewegungsfolge siehe »Hinführende Übungen« (Seite 71, 5–10).

Ausgangsstellung → 9ʰ

Die linke Hand passiert insgesamt 3mal das Gesicht in Augenhöhe.
Beachte: Der Blick geht jeweils mit der in Augenhöhe vorüberziehenden Hand. Rumpfdrehungen nicht vergessen!

(102)
(103)

(104)

(105)
(106)

Die einfache Peitsche

Ausgangsstellung → 12

(102) (103)

(104) (105) (106)

Das Pferd am Hals tätscheln

Ganzes Gewicht auf das
linke Bein ...

(107)

Rechten Fuß um die halbe
Distanz zum linken Fuß set-
zen, Hakenhand öffnen
und beide Handflächen
zueinander drehen.
Gewicht auf das rechte
Bein verlagern, Rumpf und
Blick → 0°. Gleichzeitig
linke Ferse anheben,
Zehen bleiben am Boden.
Rumpf → 9° drehen, rech-
te Hand am Ohr vorbei
nach vorn führen, während

(108)

Ausgangsstellung → 0°

die linke Hand – wie bei der Form »Den Affen abwehren« –
bis vor die Hüfte zurückgenommen wird. Mit den gegen-
läufigen Armbewegungen wird das linke Bein um 2–3 cm vorgestreckt (nicht durchstrecken!) und berührt nur mit den Zehen
den Boden (leeren Schritt). Blick über die rechte Hand → 9°

(107)   (108)

Stoß mit der rechten Ferse

(109)
↓
(111)

Rumpf -e.8h drehen, da-
bei kreuzt die linke Hand
mit der Handfläche nach
oben die rechte über dem
Handgelenk, gleichzeitig
linken Fuß anheben und im
Winkel von ca. 30° zur
Bewegungsrichtung 9h
nach links mit der Ferse
zuerst aufsetzen. Hände
trennen und kreisbogenför-
mig nach unten führen, als
wollte man einen großen
Ball umstreichen.

Ausgangsstellung → 9h

(112)

Bei fortgeführtem Kreisbo-
gen kreuzen sich in Brusthöhe die Hände erneut an den Hand-
gelenken. Rechte Hand außen; *beide Handflächen zeigen zum
Körper.* Gleichzeitig rechten Fuß ohne Bodenberührung zum linken heranziehen.

(113)
↓
(114)

Hände trennen, beide Arme in Schulterhöhe zur Seite strecken
und die Handflächen nach außen drehen. Simultan dazu rechtes Knie hochziehen und koordiniert mit der Armstreckung rechten Fuß → 10h *zum Fersenkick* nach oben heben, dabei die
Zehen anziehen. Blick zur rechten Hand. Rechten Arm parallel
zum rechten Bein.

Beachte: Die *Kickbewegung* und das *Auseinanderführen der
Hände/Arme* erfolgen gleichzeitig. Beide Beine bilden in
Position 114 einen Winkel von ca. 60°. Rücklage vermeiden!

⑩⑨   ⑩⑩   ⑪⑪

⑫⑫   ⑬⑬   ⑭⑭

Mit beiden Fäusten die Ohren des Gegners treffen

(115) Rechtes Bein in Hüfthöhe abwinkeln, gleichzeitig den linken Arm zum rechten parallel beiführen und beide Handflächen nach oben drehen.

(116) Die Hände zu beiden Seiten des rechten angehobenen Knies im Bogen nach unten bis in Hüfthöhe ziehen.

Ausgangsstellung → 10ʰ

(117) Sanft das linke Bein beugen und den rechten Fuß nach vorn → 10ʰ–11ʰ aufsetzen, dabei die Hände *herablassen* und Fäuste bilden.

(118) Gleich einer Zangenbewegung Fäuste mit Auswärtsdrehung der Arme nach seitlich vorne oben führen. Die Bewegung endet in Augenhöhe, wobei die Fäuste etwa Kopfbreite auseinander bleiben. Beide Faustrücken zeigen zum Körper. Mit dem Anheben der Fäuste das rechte Bein belasten.

Beachte: Kopf aufrecht halten. Schultern und Ellbogen entspannt hängen lassen; Arme gerundet. Fäuste locker geballt. Keinen Rundrücken bilden! Blick in Endposition → 10–11ʰ.

(115)   (116)   (117)   (118)

⑪⑨
↓
⑫⓪

⑫⓪
↓
⑫①

⑫②
↓
⑫④

Drehen und Stoß mit der linken Faust

Gewicht auf das linke Bein verlagern, Wirbelsäule längs, und Blick nach links drehen. Hüfte und die Faust ... 90° nach innen drehen. Arme und Fäuste bleiben zunächst in der noch von oben gehaltenen Position (siehe *Ausgangsstellung* und folgen der Eingriffsbewegung.

Gewichtsverlagerung auf das rechte Bein und Öffnen der Fäuste.

Ausgangsstellung → (Seite ...)

Der weitere Bewegungsablauf ist mit dem in Form 13 (⑪... – ⑪...) identisch – nur links und rechts werden vertauscht. Mit Strecken des linken Beines dreht der Rumpf → 5 – 0 . In Endposition Blick zur linken Hand.

Beachte: Alle Bewegungsteile gehen fließend ineinander über. Endposition bedeutet nicht, daß der Bewegungsfluß angehalten wird. Beim Überkreuzen der Hände befindet sich die linke Hand außen.

119 120 121 122

123 124

Die gehockte Peitsche (links)

Vorbemerkung: Die Formen 16 und 17 bestehen aus je zwei Teilen, die der Einfachheit halber unter einem Namen zusammengefaßt sind:
1. Die gehockte Peitsche links bzw. rechts (auch Niederstoßen) und
2. Auf einem Bein stehen links bzw. rechts (auch Hahn steht auf einem Bein).

Linkes Bein abwinkeln und Rumpf nach rechts → 6–7ʰ

Ausgangsstellung → 5ʰ

drehen. Die rechte Hand formt sich zur *Hakenhand*, während die linke Hand in leichtem Bogen nach rechts vor die Brust geführt wird; Handfläche zeigt zum Körper. Blick zur Hakenhand.

Rechtes Bein beugen, tiefgehen; linken Fuß seitwärts aufsetzen – um eine Fußlänge nach hinten versetzt – und am Boden entlang → 2ʰ *schieben* (s. Details *Gleitschritt*, Seite 56). Die linke Hand wird mit nach unten geführt, Handfläche zum Körper, Finger zeigen → 9ʰ. Während der linke Fuß seitwärts *schiebt*, wird die linke Hand um 180° gewendet, Finger zeigen → 3ʰ. Noch während des Schiebens linken Fuß → 2–3ʰ drehen (⒓⒏)

Fließend wird das ganze Körpergewicht auf das linke Bein verlagert, das rechte nachgezogen und das Knie angehoben (⒔⒈). Während die linke Hand nach unten vor die Hüfte gesenkt wird, wird die im tiefen Bogen nachgezogene, verdrehte Hakenhand (Finger zeigen nach oben, ⒓⒐) geöffnet und nach vorn oben gebracht. Handkante zeigt → 3ʰ.

(125)
↓
(126)

(127)
↓
(128)

(129)
↓
(131)

Form 17

Die gehockte Peitsche (rechts)

(132)
↓
(133)

Rechtes Bein senken, Zehen des rechten Fußes → 1ʰ vor dem linken Fuß aufsetzen (nicht die ganze Sohle). Gleichzeitig Rumpf nach links drehen → 12ʰ. Dabei wird der linke Arm seitwärts in Schulterhöhe gehoben (Arm zeigt → 10–11ʰ) und die *Haken-hand* gebildet; der rechte Arm wird im Bogen vor die linke Schulter geführt ((133)), Handfläche zum Körper. Blick → Haken-hand.

Ausgangsstellung → 3ʰ

(134)
↓
(138)

Diese Bewegungsfolge ist mit der von (127)–(131) identisch, nur *links* und *rechts* werden vertauscht. In Endposition Rumpf und Blick → 3ʰ.

Beachte: Das Tiefgehen, Gleiten und Hochgehen muß harmonisch mit den Arm-/Handbewegungen koordiniert werden. Rechte und linke Hand müssen gleichzeitig ihre *Endposition* einnehmen ((138)).

Am Webstuhl arbeiten (links und rechts)

Ausgangsstellung → 3ʰ

(139)
↓
(140) Rumpf → 1 → 3ʰ drehen und linken Fuß im Winkel von 45° zur Bewegungsrich-tung 3ʰ bogenschrittig nach links aufsetzen. Gleichzeitig bilden Hände Ballhalteposition vor der rechten Brust, rechte Hand unten.

(141) rechten Fuß an den linken beiholen (keine Boden-berührung). Ausgangsstel-lung für die Form nach rechts.

(142)
↓
(144) Mit Bogenschritt nach rechts (rechter Fuß setzt im Winkel von ca. 30° zur Bewegungsrichtung 3ʰ auf) dreht auch der Rumpf nach rechts. Gleichzeitig rechten Unterarm in Bogen nach oben über Kopfhöhe führen und die Hand nach außen drehen (Hand-rücken schräg vor der Stirn). Mit der Aufwärtsbewegung des rechten Unterarms und der Gewichtsverlagerung auf das rechte Bein wird die linke Hand vor der linken Brust nach vorn oben in Augenhöhe vorgestoßen. Blick zur linken Hand.

(144) Gewichtsverlagerung zurück auf das linke Bein, dabei den ent-lasteten rechten Fuß an den Zehen etwas anheben. Ellbogen leicht sinken lassen, Arme entspannen.

(145) Gewicht wieder voll auf den rechten Fuß, den linken beiziehen und Ballhalteposition vor der rechten Brust einnehmen, rechte Hand oben, Rumpf → 4ʰ

(146)
↓
(149) Mit Bogenschritt nach links (linker Fuß setzt im Winkel von ca. 30° → 3ʰ auf) beginnt die gleiche Bewegungsfolge wie (141) – (144), nur links und rechts werden vertauscht. Blick → 2ʰ in Endposition.

(139)

(140)

(141)

(142)

(143)

(144)

(145)

(146)

(147)

(148)

(149)

Die Nadel vom Meeresboden holen

Den rechten Fuß halbe
Distanz zum linken vorzie-
hen und voll belasten,
Rumpf nach rechts drehen
→ 4ʰ. Beide Hände
beschreiben eine Abwärts-
schleife (s. (149)) und werden
zusammen wieder in Kopf-
höhe hochgezogen, rechte
Hand etwas höher als die
linke.
Linkes Bein etwas anhe-
ben, vorstrecken und nur
mit den Zehen → 3ʰ nach
vorn aufsetzen (= Leerer
Schritt, Belastung ganz auf

(150)
↓
(151)

Ausgangsstellung → 2ʰ

dem rechten Fuß). Mit dem Vorstrecken des linken Fußes voll-
zieht die linke Hand einen Abwärtsbogen bis vor die linke
Hüfte, während die rechte Hand mit vorgestreckten Fingern
nach vorn *sticht* (s. Abb. Form 20). Blick zum Boden → 3ʰ.

Beachte: Nicht zu weit vorbeugen beim Tiefgehen, Kinn nicht
anziehen. Linkes Bein bleibt leicht gebeugt.

Form 19

150   151

117

Arme wie einen Fächer ausbreiten

Ganze Belastung auf dem rechten Bein.

Rumpf aufrichten und etwas nach rechts → 4ʰ drehen, Arme mit hochziehen.

Rechte Hand bei gebeugtem Ellbogen nach oben führen bis in Höhe der rechten Schläfe, Handfläche nach außen drehen. Gleichzeitig mit Bogenschritt links – linke Fußspitze zeigt → 3ʰ – den linken Arm → 3ʰ vorstoßen und das Hauptgewicht auf das linke Bein verlagern (linker Fuß ca. 70% - rechter Fuß ca. 30% des Gewichts).

Beachte: Der Bogenschritt und das *Auseinanderfächern* der Arme harmonisch koordinieren. Linker Arm und linkes Bein befinden sich auf einer Vertikalen genau in Bewegungsrichtung → 3ʰ. Blick ebenfalls → 3ʰ. Der Rumpf zeigt → 4ʰ. Der Querabstand zwischen den Fersen beträgt nur etwa 10–20 cm, ist also geringer als bei der normalen Bogenschrittstellung.

⑯

⑯
↓
⑭

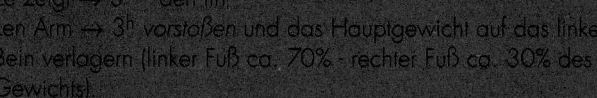

⑮

Drehen, abwehren nach unten, parieren und zustoßen

Gewicht auf das rechte Bein verlagern, linken Fuß ca. um 110–120° nach innen drehen. Rumpf und Arme drehen mit. Das linke Bein belasten, während die rechte Hand einen Abwärtsbogen beschreibt und in Hüfthöhe vor dem Körper eine Faust bildet (die Finger zeigen zum Boden). Der linke Arm ist gerundet und wird in Kopfhöhe mitgeführt; der rechte Fuß wird ohne Boden-

Ausgangsstellung → 3ʰ

berührung an den linken herangezogen. Rumpf →8ʰ. Mit fortgeführter Rumpfdrehung → 10ʰ setzt der rechte Fuß mit einem *Kreuzschritt* im Winkel von ca. 45° zur neuen Bewegungsrichtung 9ʰ auf. Zusammen mit der Rumpfdrehung und dem Kreuzschritt wird der angewinkelte rechte Unterarm *geöffnet*, d.h. der ganze Arm gestreckt und die Faust so gedreht, daß die Finger nach oben zeigen. Der linke gebeugte Arm wird mit der Rumpfdrehung nach unten geführt und *begegnet* dem sich *öffnenden* rechten Arm in Hüfthöhe. Linker Arm außen. Mit der vollen Belastung des rechten Fußes dreht der Rumpf weiter 11ʰ. Der Faustarm wird dadurch nach rechts hinten geführt *(Ausholbewegung)*, der linke Arm vorgestreckt 9ʰ. Mit der Ausholbewegung des rechten Armes wird die Faust so gedreht, daß die Finger zunächst zum Boden zeigen, am Ende der Ausholbewegung nach oben, und schließlich beim *Vorstoßen* seitlich zum Körper hin. Mit dem Vorstoßen der rechten Faust erfolgt simultan ein Bogenschritt nach links und Gewichtsverlagerung auf das linke Bein. Der linke Arm wird leicht gebeugt zurückgenommen und legt mit der offenen Hand am rechten Unterarm an (⑯). Blick → 9ʰ.

(155) (156) a (156) b

(157) a (157) b (158)

(159) (160) (161)

162
↓
163

164
↓
165

166
↓
167

Verschließen

Linke Hand zum Hand-
gelenk nach oben kreuzt
den den Unterarm hinter
das rechte Handgelenk
(vor die Hand heben. Faust
der rechten Hand öffnen
und die beiden gekreuzten
Hände so drehen, daß
beide Handflächen nach
oben zeigen.

Hände auseinanderführen
und mit gleichzeitiger
Gewichtsverlagerung auf
das rechte Bein die Ell-
bogen zum Körper ziehen.
Die Hände werden zurück-

Ausgangsstellung → 9ʰ

genommen, als würden sie einen ovalen Gegenstand umstreichen.

Beim *Vorstoßen* und der Gewichtsverlagerung auf das linke Bein
gleicher Bewegungsablauf wie bei Form 7, 65 – 66. Blick → 9ʰ in
Endposition.

Beachte: Bei der Gewichtsverlagerung auf das rechte Bein die
Zehen des entlasteten linken Fußes etwas anheben (164), dann
mit dem *Vorstoßen* wieder aufsetzen ((165) – (166)).

Die Hände kreuzen

Ausgangsstellung → 9ʰ

Gewicht zurückverlagern auf das rechte Bein, den entlasteten linken Fuß auf der Ferse um 90° nach innen drehen. Nach Aufsetzen des linken Fußes sofort den rechten Fuß ebenfalls auf der Ferse so drehen, daß die Fußspitze → 12–1ʰ zeigt. Der Körperdrehung folgend werden beide Hände in Schulterhöhe auseinandergezogen und in Kreisbögen nach unten und wieder hoch geführt, bis sie sich vor der Brust überkreuzen, rechte Hand außen. Der Kreisbogen der rechten Hand wird betont, indem der Rumpf → 1ʰ dreht und das rechte Bein etwas gebeugt und kurz belastet wird. Blick geht mit der rechten Hand. Mit dem Hochführen der rechten Hand wird das rechte Bein mit Fußbreite Abstand parallel dem linken beigestellt.

Beachte: Bei der Ausführung der Kreisbögen den Oberkörper nicht vorbeugen, sondern rechts *ins Knie gehen.*

(168)
↓
(170)

(171)

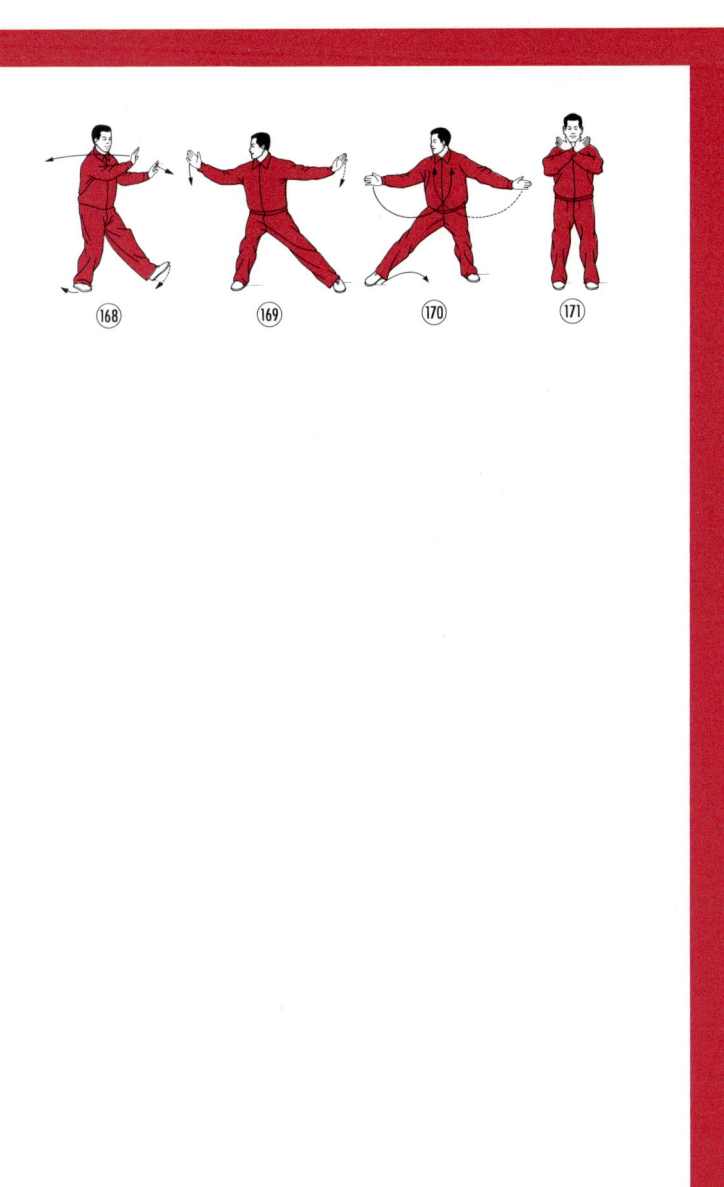

⑯⑧ ⑯⑨ ⑰⓪ ⑰①

Schluß

Ausgangsstellung → 12ʰ

(172) Handflächen nach außen drehen, Hände auseinanderführen – linke Hand streicht über die rechte hinweg – und nach unten sinken lassen, Handflächen zum Boden.
Mit dem Senken der Hände, Körper *natürlich* strecken.

(173)

(174) Den linken Fuß dem rechten beistellen. Hände locker seitlich anlegen.

Beachte: Am Schluß Schultern entspannen, einige Male ruhig und natürlich atmen. Nicht sofort *wegtreten*.

172

173

174

Anhang

Worterklärungen

Die folgenden Definitionen beziehen sich auf die in diesem Buch verwendeten Begriffe.

Die Kurze Peking-Form Die kürzesten der nach 1956 vom Nationalen Sportkomitee der VR China auf der Basis des Yang-Stils zusammengestellten Taijiquan-Sequenzen mit 24 Formen.
Weitere Sequenzen mit 48 und 88 Formen beinhalten auch Elemente anderer Stile.

Sequenz
1. Die Gesamtheit der in einer bestimmten Reihenfolge angeordneten Formen.

2. Synonym für *Form*
(Die Kurze Peking-Form).

Form Bezeichnung für eine bestimmte Angriffs- bzw. Abwehrbewegung innerhalb einer Taijiquan-Sequenz.
Einige Formen beinhalten auch zwei oder mehrere Angriffs- bzw. Abwehrbewegungen.

Aussprache

Das Chinesische unterscheidet nach Höhe und Verlauf vier Grundtöne

−	=	hoher, gleichbleibender Ton
/	=	halbhoch beginnend und ansteigend
v	=	relativ tief beginnend und fallend-steigend
\	=	fallender Ton

Taijiquan: tàijíquán [taitschidschuan]

Wushu: wǔschù [wuschu]

qi: qì [dschi]

Literatur

CAPRA, F.: Das neue Denken. München 1987
CAPRA, F.: Das Tao der Physik. München 1988
CAPRA, F.: Wendezeit. München 1988
CHEN, Y.-L.: Taijiquan. Shanghai 1943
»China-Sports«: Editorial Staff: Founders of Taijiquan. Peking 1987
DÜRCKHEIM, K. GRAF: Übung des Leibes. München 1981
ENGELHARDT, U.: Theorie und Technik des Taiji Quan. Schorndorf o.J.
ENGELHARDT, U.: Die Klassische Tradition der Qi-Übungen (Qigong). Stuttgart 1987
GROSSER/HERMANN/TUSKER/ZINTL: Die sportliche Bewegung. München 1987
GROSSER/NEUMAIER: Techniktraining. München 1982
HERRIGEL, E.: Zen in der Kunst des Bogenschießens. München 1975
HOFFMANN, B.: Handbuch des autogenen Trainings. München 1982
HUXLEY, A.: Eiland. München 1985
JONATH, U. (Hrsg.): Lexikon Trainingslehre. Reinbek 1986
JOU, T.-H.: The Tao of Tai-Chi Chuan. Taiwan 1983
»Martial Arts«: Nr. 5, 1985
MEINEL, K.: Bewegungslehre. Berlin 1966
MEINEL/SCHNABEL: Bewegungslehre. Berlin 1976
PORKERT, M.: Die chinesische Medizin. Düsseldorf 1986
PROKSCH, CH.: Taijiquan. Darmstadt 1987
RÖTHIG/GRÖSSLING (Hrsg.): Bewegungslehre. Bad Homburg 1982
VESTER, F.: Phänomen Stress. Stuttgart 1976
»Wushu Festival Papers«: Investigation of Healthful Effect & its Mechanism of Taijiquan Sport. Department of Theory, Wushu Association of Academia Sinica. 1988